O MELHOR DO Rock Brasil
VOLUME I

Melodias e letras cifradas para guitarra, violão e teclados
Produzido por Luciano Alves e Silvio Essinger

Barão Vermelho
Guilherme Arantes   Raul Seixas
Skank   Lulu Santos
Cássia Eller   Ira!
Dalto   Caetano Veloso
Ed Motta   Lobão
Rita Lee   Blitz
Cazuza   Cidade Negra   Hojerizah
Brylho   Roberto Carlos
Engenheiros do Hawaii
Charlie Brown Jr
Zé Rodrix   Ritchie
Vinícius Cantuária
Eduardo Dussek

Nº Cat.: 286-A

Irmãos Vitale S.A. Indústria e Comércio
www.vitale.com.br
Rua França Pinto, 42   Vila Mariana   São Paulo   SP
CEP: 04016-000   Tel.: 11 5081-9499   Fax: 11 5574-7388

© Copyright 2001 by Irmãos Vitale S.A. Ind. e Com. - São Paulo - Brasil
Todos os direitos autorais reservados para todos os países. *All rights reserved.*

Dados Internacionais de Catalogação na Publicação (CIP)
(Câmara Brasileira do Livro, SP, Brasil)

O Melhor do Rock Brasil : volume 1 : melodias cifradas para guitarra, violão e teclados / produzido por Luciano Alves, Silvio Essinger. -- São Paulo : Irmãos Vitale, 2001

ISBN 85-7407-133-1
ISBN 978-85-7407-133-6

1. Rock 2. Rock - Brasil I. Alves, Luciano. II. Essinger, Silvio

01-3575   CDD-781.66

Índices para catálogo sistemático:

1. Música rock   781.66
2. Rock : Música popular   781.66

CRÉDITOS

Produção geral e editoração de partituras
LUCIANO ALVES

Seleção de repertório
SILVIO ESSINGER

Transcrições das músicas
ALESSANDRO VALENTE E HELVÉCIO PARENTE

Revisão musical
CLAUDIO HODNIK

Revisão de texto
MARCOS ROQUE

Projeto gráfico e capa
MARCIA FIALHO

Gerente de projeto
DENISE BORGES

Produção executiva
FERNANDO VITALE

Sumário

Prefácio	5
Introdução	9
A dois passos do paraíso BLITZ	26
A vida tem dessas coisas RITCHIE	59
Agora eu sei ZERO	85
Ando meio desligado MUTANTES	92
Barrados no baile EDUARDO DUSSEK	21
Casa de campo ZÉ RODRIX	95
Deixa chover GUILHERME ARANTES	41
Eu me amo ULTRAJE A RIGOR	66
Eu nasci há 10 mil anos atrás RAUL SEIXAS	120
Exagerado CAZUZA	69
Falar a verdade CIDADE NEGRA	53
Fixação KID ABELHA	44
Flores TITÃS	126
Hey Joe O RAPPA	135
I saw you saying - That you say that you saw RAIMUNDOS	132
Jardins da Babilônia RITA LEE	117
Maior abandonado BARÃO VERMELHO	11
Mais uma de amor BLITZ	81
Malandragem CÁSSIA ELLER	141
Maluco Beleza RAUL SEIXAS	88
Mesmo que seja eu ERASMO CARLOS	33
Muito estranho - Cuida bem de mim DALTO	98
Noite do prazer BRYLHO	18
Núcleo base IRA!	14
O último romântico LULU SANTOS	113
Pega na mentira ERASMO CARLOS	108
Perdidos na selva GANG 90 & AS ABSURDETES	101
Podres poderes CAETANO VELOSO	36
Pra dizer adeus TITÃS	145
Primeiros erros - Chove KIKO ZAMBIANCHI	105
Proibida pra mim CHARLIE BROWN JR.	30
Pros que estão em casa HOJERIZAH	73
Rádio Pirata RPM	63
Se você pensa ROBERTO CARLOS	90
Só você VINÍCIUS CANTUÁRIA	139
Te ver SKANK	129
Toda forma de poder ENGENHEIROS DO HAWAII	47
Vamos dançar ED MOTTA	57
Vento ventania BIQUINI CAVADÃO	76
Vida louca vida LOBÃO	110

Barão Vermelho
Guilherme Arantes
Raul Seixas
Lulu Santos
Skank
Cássia Eller
Ira!
Ed Motta
Dalto
Caetano Veloso
Lobão
Rita Lee
Blitz
Cazuza
Cidade Negra
Hojerizah
Brylho
Roberto Carlos
Engenheiros do Hawaii
Zé Rodrix
Ritchie
Charlie Brown Jr
Vinícius Cantuária
Eduardo Dussek
Ultraje a Rigor
O Rappa
Titãs
Kid Abelha
Gang 90 e as Absurdetes
Kiko Zambianchi
Raimundos
Zero
Erasmo Carlos
RPM
Mutantes
Biquini Cavadão

Prefácio

Canções saborosas, diretas, de comunicação imediata. Se há alguma coisa que se pode destacar no que ficou conhecido como Rock Brasil é isso. Mais do que a atitude, mais do que as caras, as roupas e as guitarras são as músicas que sobreviveram, influenciando geração após geração, regravação após regravação.

Desde os anos 60, quando a cultura rock se consolidou no país com a jovem guarda (após um período de flerte romântico com Cely Campelo e cia., quase todo calcado em versões), que se pode dizer que temos um repertório próprio. Modas e tendências se sucederam, e, nesse movimento, o grande livro das canções se ampliou.

Agora, enfim, a Vitale reúne o melhor do que se fez por aqui em termos de composição de rock no Brasil, numa coleção que se inicia com este volume. O primeiro aperitivo antes de um prato farto, delicioso, que será servido futuramente em outros volumes.

Nada melhor do que começarmos com dois mestres e pioneiros, os quais ajudaram a realizar o parto do rock brasileiro com a banda The Snack's, na rua do Matoso, bairro da Tijuca, Rio de Janeiro. Um deles se tornaria um dos maiores cantores do Brasil: Roberto Carlos. Na sua voz, popularizou-se a elétrica canção "Se você pensa" (algum tempo depois relida pela tropicalista Gal Costa), em parceria com o outro mestre, amigo de uma vida inteira e irmão adotivo, Erasmo Carlos. Quando Roberto enveredou pela canção romântica, nos anos 70, Erasmo levou adiante a bandeira do rock e chegou à década seguinte como um nome a ser respeitado. Do começo dos anos 80 são dois sucessos seus selecionados para este livro: a bem-humorada "Pega na mentira" e "Mesmo que seja eu" (regravada por Marina Lima).

Irreverentes e geniais, os paulistanos Mutantes saíram do meio da jovem guarda de Roberto e Erasmo, emprestaram suas cores aos baianos tropicalistas e foram a maior banda de rock brasileira dos anos 70. Entre as suas músicas, nenhuma foi mais popular do que "Ando meio desligado", relato divertido das "chapações" da banda (numa época braba, quando toda menção às drogas tinha que ser bem escamoteada), que atravessou gerações em regravações de Marisa Monte e Pato Fu. Dos Mutantes saiu a grande rainha do rock brasileiro, Rita Lee, que, assim como Erasmo, seguiu liderando a invasão de guitarras no país nos anos 70, em músicas como "Jardins da Babilônia".

Também teve um baiano, presença obrigatória em qualquer rodinha de violão, que sacudiu as estruturas do Brasil ditadura com seu rock: Raul Seixas, representado neste livro com dois de seus hinos, "Eu nasci há dez mil anos atrás" e "Maluco Beleza". E por falar em rodinha de violão, outra canção também embalou muita reunião à beira da fogueira: "Casa no Campo", um dos clássicos do chamado rock rural, de Zé Rodrix (que fazia parte do lendário Sá, Rodrix e Guarabira), gravado magistralmente por Elis Regina.

Partimos então para o pop brasileiro dos anos 80, que teve como artífices alguns roqueiros da década anterior, principalmente os progressivos. Da paulistana banda Moto Perpétuo veio um talentoso tecladista, cantor e compositor: Guilherme Arantes, que tomou de assalto as rádios do começo dos anos 80 com "Deixa chover". Já a carioca Vímana espalhou o guitarrista Lulu Santos (aqui com o clássico absoluto "O último romântico"), o vocalista e flautista inglês Ritchie (de "A vida tem dessas coisas", recuperada no fim dos anos 90 pelo Ira!) e o baterista Lobão ("Vida louca vida"). Integrante da primeira formação do Terço, o baterista Vinícius Cantuária também teve seu momento nos anos 80 com a deliciosa "Só você"", que o romântico Fábio Júnior voltou a transformar em sucesso nos anos 90.

Naquele começo de década roqueira, outros dois nomes vindos dos anos 70 também ajudaram a escrever história, com suas canções de perfeita carpintaria pop. Um foi o niteroiense Dalto, da banda "pós-jovemguardística" Os Lobos, responsável pelo maior sucesso de rádio de 1982, "Muito estranho (Cuida bem de mim)", gravado muitos anos mais tarde pela banda teen KLB. Outro foi o carioca Eduardo Dussek, sensação num certo festival da Globo com a apocalíptica e irônica música "Nostradamus", que entrou numa onda de irônica revisão do rock dos anos 50 no disco Cantando no Banheiro, cuja faixa "Barrados no baile" figura neste volume. E um dia a *new wave*, com seu som básico, letras que pareciam tiradas de histórias em quadrinhos e roupas coloridas chegou ao Brasil. Primeiro, pelas mãos da paulistana Gang 90 & Absurdettes, que apareceu num festival justamente com "Perdidos na selva", o mais divertido relato sobre um acidente já feito no Rock Brasil. Em seguida, com os cariocas da Blitz, banda que detonou o rock no país nos anos 80. Na seleção, eles entram com dois momentos distintos: a balançada "Mais uma de amor" e a balada "A dois passos do paraíso", um de seus maiores sucessos. Quem não se lembra da história do caminhoneiro Arlindo Orlando, da pacata cidade de Miracema do Norte? Por fim veio na mesma leva uma das maiores bandas do pop brasileiro: Kid Abelha (ex-Kid Abelha & os Abóboras Selvagens), aqui com a imortal "Fixação". A nova onda não deixou ninguém parado: até mesmo Caetano Veloso se valeu daquele som para embalar um de seus mais lúcidos protestos: "Podres poderes".

Paralelamente à Blitz, apareceu no Rio de Janeiro um nome que marcaria a história do rock: Barão Vermelho, que juntou o "rock stoniano" de Roberto Frejat às letras "doloresduranianas" de Cazuza. Três momentos desses dois artistas figuram aqui. Primeiro, "Maior abandonado", um dos maiores sucessos da banda. Depois, "Exagerado", a música da carreira solo de Cazuza que melhor o define. Por fim, "Malandragem", parceria da dupla, gravada após a morte do letrista e cantor, por uma das vozes que melhor soube traduzir o seu jeito intenso de ser: Cássia Eller.

São Paulo, que havia despontado com a Gang 90, voltaria a brilhar ao longo dos anos 80 com outras bandas roqueiras. Irreverente, o Ultraje a Rigor ganhou as rádios na metade da década com "Eu me amo", hilariante retrato do narcisismo sem culpa. Bem mais sério, o Ira! usa, em "Núcleo base", a irritação de um soldado que tem de deixar a namorada para voltar ao quartel como mote para disparar algumas de suas mais contundentes críticas. Já o RPM fez a revolução nas ondas do rádio com uma empolgante canção: "Rádio Pirata", gravada anos mais tarde pelos gaúchos e contemporâneos Engenheiros do Hawaii, que entram no volume com uma de suas primeiras canções, a filosófica "Toda forma de poder". Outra grande banda do rock surgido da cena paulistana do começo dos anos 80 foi os Titãs, que comparece à festa com o hino elétrico "Flores" e a folk "Pra dizer adeus", que acabou virando trilha sonora do enterro do guitarrista Marcelo Fromer, morto por atropelamento em 2001.

Por fim, também de São Paulo, vieram dois grandes sucessos de rádio da metade dos anos 80: o "Agora eu sei", do Zero (com participação de Paulo Ricardo, do RPM) e "Primeiros erros", de Kiko Zambianchi, canção pop à beira da perfeição, que ganhou regravações de Simony (do Balão Mágico) e do Capital Inicial (com o próprio Kiko). De volta ao Rio, outras bandas surgidas depois de 1985 também deixaram boas canções: caso do Biquini Cavadão (o reggae "Vento ventania", o seu maior sucesso) e o Hojerizah (a smithiana-existencialista "Pros que estão em casa"). Mas a cidade também deixou sua marca num campo que o rock tomou como seu e não largou mais: a *black music*. Nela, temos o solitário, manemolente e inesquecível hit da banda Brylho (do guitarrista e cantor Claudio Zoli), "A noite do prazer" (Na madrugada, vitrola rolando um blues / Tocando B. B. King sem parar) e "Vamos dançar", em que um adolescente Ed Motta começava a mostrar do que seria capaz de fazer ao longo dos anos 90.

Enfim, mudamos de década - aquela em que o rock brasileiro ganhou mais cores e sabores, além de ter consolidado sua posição no mercado. Ele pode tanto ser reggae, como nas músicas do Cidade Negra ("Falar a verdade"), Skank ("Te ver") e O Rappa ("Hey Joe", versão do sucesso de Jimi Hendrix), quanto um rock de pulsação punk e sabor pop, como fizeram o Charlie Brown Jr. ("Proibida pra mim", que se prestou a uma bela releitura voz e violão do maranhense Zeca Baleiro) e os Raimundos ("I saw you saying that you say that you saw").

O novo milênio é uma incógnita, mas uma certeza há: a canção sempre prevalecerá.

Silvio Essinger

Barão Vermelho
Guilherme Arantes
Raul Seixas
Lulu Santos
Skank
Cássia Eller
Ira!
Dalto
Caetano Veloso
Ed Motta
Lobão
Rita Lee
Blitz
Cazuza
Hojerizah
Brylho
Roberto Carlos
Engenheiros do Hawaí
Charlie Brown Jr
Zé Rodrix
Ritchie
Eduardo Dussek
Vinícius Cantuária
Ultraje a Rigor
O Rappa
Titãs
Kid Abelha
Gang 90 e as Absurdetes
Kiko Zambianchi
Raimundos
Zero
Erasmo Carlos
RPM
Mutantes
Biquini Cavadão

Introdução

Esta publicação apresenta quarenta sucessos do Rock Brasil, transcritos para a pauta musical, na forma em que tornaram-se conhecidos pelos intérpretes os quais aparecem listados logo após o nome de cada música do índice.

Além das melodias cifradas, com as letras alinhadas embaixo, incluí, também, as letras cifradas com acordes para violão, o que torna a publicação mais abrangente, tanto quanto facilita consideravelmente a compreensão e a tarefa de "tirar" a música.

O registro das letras, melodias e cifras reflete com máxima precisão as gravações originais dos CDs. Em algumas músicas, porém, como "Podres poderes", "Casa de campo", "A dois passos do paraíso" e "Malandragem", entre outras, a divisão rítmica da melodia foi escrita de forma simplificada, a fim de tornar a leitura mais acessível.

Para a notação musical, adotei os seguintes critérios:

A cifragem é descritiva, ou seja, exibe a raiz do acorde e suas dissonâncias.

Quando há um ritornelo e a melodia da volta é diferente da primeira vez, as figuras aparecem ligeiramente menores e com hastes para baixo. Neste caso, a segunda letra é alinhada com as notas para baixo, como demonstra o exemplo a seguir:

Se um instrumento solista ou vocal avança por um compasso onde há voz, as melodias são escritas com hastes opostas, sem redução de tamanho.

As convenções de base mais marcantes estão anotadas na partitura, logo acima das cifras, com "x" e losango, correspondendo às figuras pretas e brancas, respectivamente.

Nas letras cifradas, as cifras dos acordes estão aplicadas nos locais exatos onde devem ser percutidas ou cambiadas, como mostra o próximo exemplo. Esta forma é mais conveniente para aqueles que já conhecem a melodia ou para os que não lêem notas na pauta.

```
Gm7                  Eb   Dm7  Cm7    F
  Prazer estar contigo
Gm7                  Eb   Dm7  Cm7    F
  Um brinde ao desti__no
Gm7                  Eb   Dm7  Cm7             F
  Será que o meu signo   tem a ver com o seu
Gm7                  Eb   Dm7         Cm7      F
  Vem ficar comi_go  depois que a fes__ta acabar
```

Nos diagramas de acordes para violão, a ligadura corresponde à pestana; o "x", acima de uma corda, indica que a mesma não pode ser tocada; e o pequeno círculo refere-se à corda solta. Alguns diagramas possuem ligadura e "x". Neste caso, toca-se com pestana mas omite-se a corda com "x". As cordas a serem percutidas recebem bola preta ou pequeno círculo.

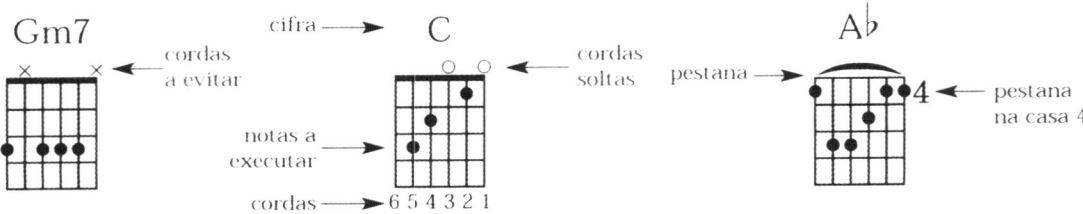

Optei, genericamente, pela utilização de posições de violão consideradas de fácil execução. No entanto, determinadas músicas que possuem baixos caminhantes ou sequências harmônicas de características marcantes exigem acordes um pouco mais complexos, o que estabelece, em contrapartida, maior fidelidade ao arranjo original da música.

Em alguns casos, músicas gravadas originalmente em tonalidades de difíceis leitura e execução para o músico iniciante, tais como D♭ e F♯, foram transpostas um semitom abaixo ou acima, para facilitar.

Luciano Alves

Maior abandonado

FREJAT e
CAZUZA

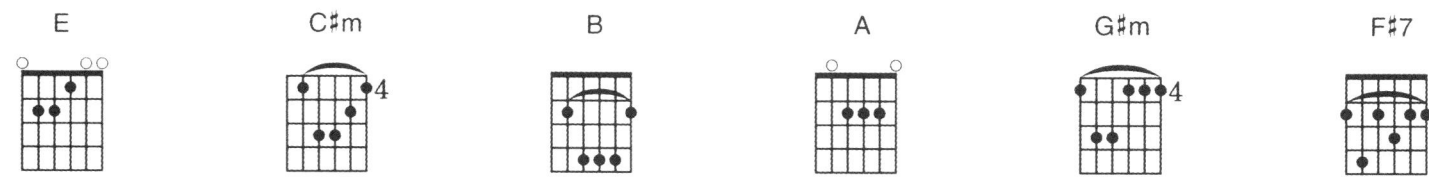

Introdução: **E C#m B E C#m B**

E
Eu tô perdido

Sem pai nem mãe
             C#m B
Bem na porta da tua casa

E
Eu tô pedindo

A tua mão
           C#m B
E um pouquinho do bra__ço

A   **B**   **A B**
Migalhas dormi__das do teu pão

A   **G#m**
Raspas e res__tos
   F#7
Me interes__sam

A   **B**   **A B**
Pequenas porções de ilusão

A   **G#m**   **F#7**
Mentiras since__ras me interes__sam
B
Me interes_sam

E
Eu tô pedindo

A tua mão
               C#m B
Me leve para qualquer lado

E
Só um pouquinho

De proteção
          C#m B
Ao maior abandonado

A   **B**   **A B**
Teu corpo com amor ou não

A   **G#m**   **F#7**
Raspas e res__tos me interes__sam

A   **B**   **A B**
Me ame como a um irmão

A   **G#m**   **F#7**
Mentiras since__ras me interes__sam
B
Me interes_sam

Instrumental: **E C#m B**

Migalhas dormidas do teu pão *(etc.)*
...Ao maior abandonado

Final instrumental: **E C#m B E**

Copyright © 1984 by SISTEMA GLOBO DE EDIÇÕES MUSICAIS LTDA.
Todos os direitos autorais reservados para todos os países. *All rights reserved.*

Núcleo base

EDGAR SCANDURRA

E A B7 B/D♯ A/C♯ B G♯m7 F♯m7 E6 B^7_4

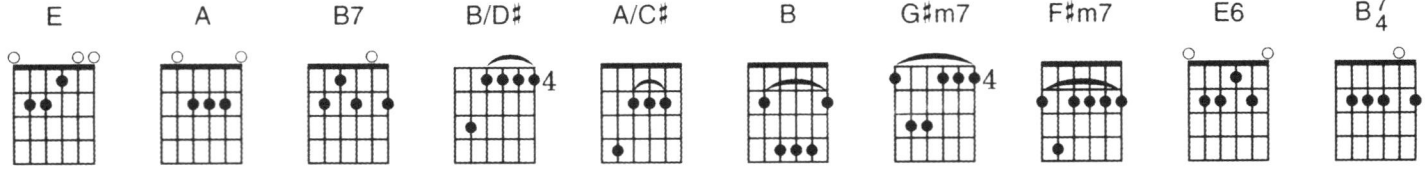

Introdução: **E E6 B7 4 B7 E6 B7 4 B7 E6 B7 4 B7**
E6 A B7 E A B E A B

E6 A B7 E6 A B7
Meu amor eu sinto mui_to, muito, mui_to mas vou in_do

E6 A B7 E6 A B7
Pois é tarde, é muito tar_de eu preci_so ir embo_ra

E6 A B7 E6 A B7
Sinto muito meu amor mas acho que já vou andan_do

E6 A B7 E6 A B7
Amanhã acordo ce_do e preci_so ir embo_ra

E6 A B7 E6 A B7
Eu queria ter você mas acho que já vou andan_do

E6 A B7 E6 A B7
Outro dia pode ser mas não vai dar pra ser ago_ra

E6 A B7
Laralá laralalá

REFRÃO:

E B/D♯ A/C♯ B A
Eu tentei fugir não queri_a me alistar

G♯m F♯m E
Eu quero lutar mas não com essa farda

E B/D♯ A/C♯ B A
Eu tentei fugir não queri_a me alistar

B7 E A B7 E6 A B7
Eu quero lutar mas não com essa far_da

E6 A B7 E6 A B7
E já está ficando tar_de e eu estou muito cansa_do

E6 A B7 E6 A B7
Minha mente está tão chei_a e estou me transportan__do

E6 A B7 E6 A B7
Você pensa que sou lou_co mas estou só deliran__do

E6 A B7 E6 A B7
Você pensa que sou to_lo mas estou só te olhan__do

Refrão

FINAL (2Xs):

A B7 E6
Mas não com essa far_da

A B7 A G♯m F♯m E
Mas não!

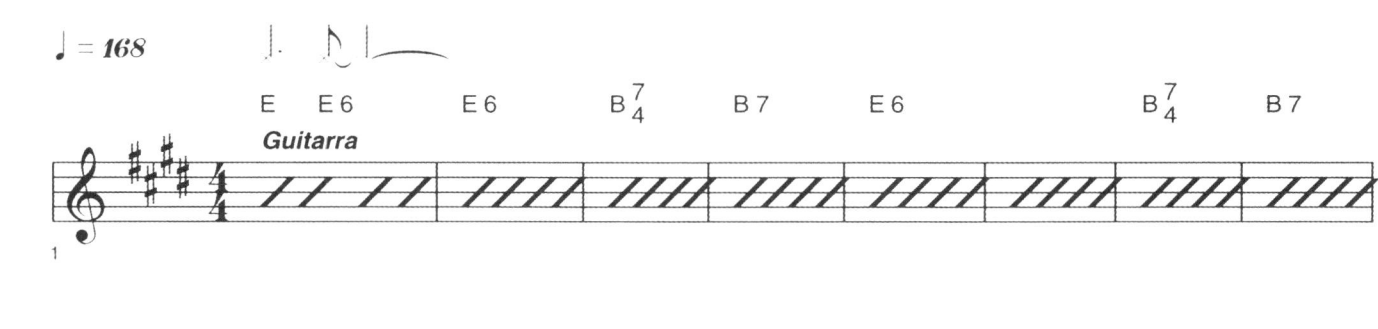
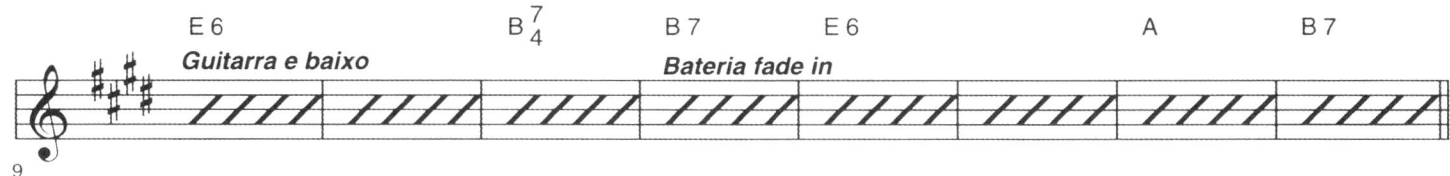
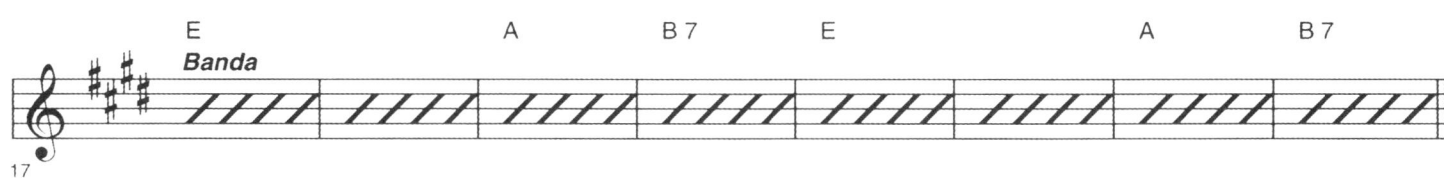
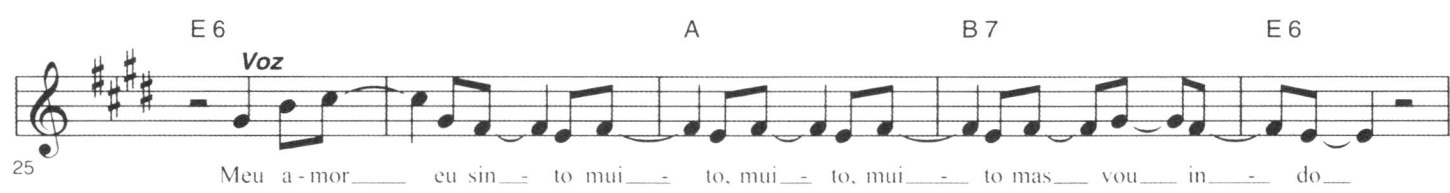

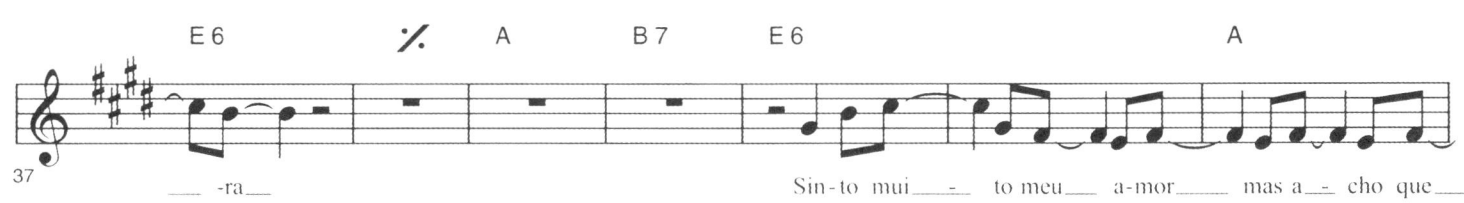
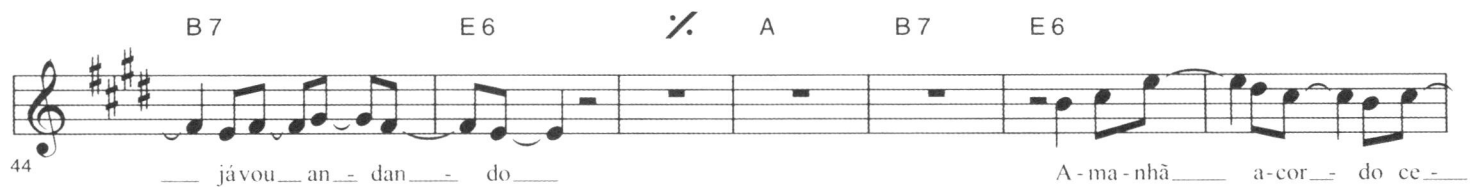

Copyright © 1986 by WARNER CHAPPELL EDIÇÕES MUSICAIS LTDA.
Todos os direitos autorais reservados para todos os países. *All rights reserved.*

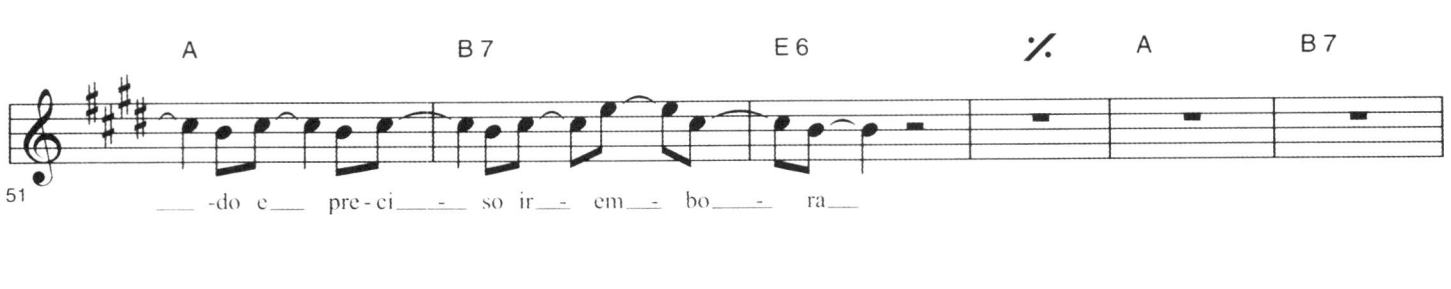
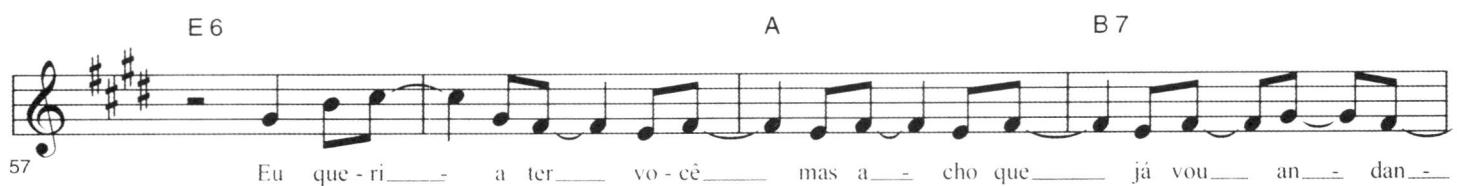
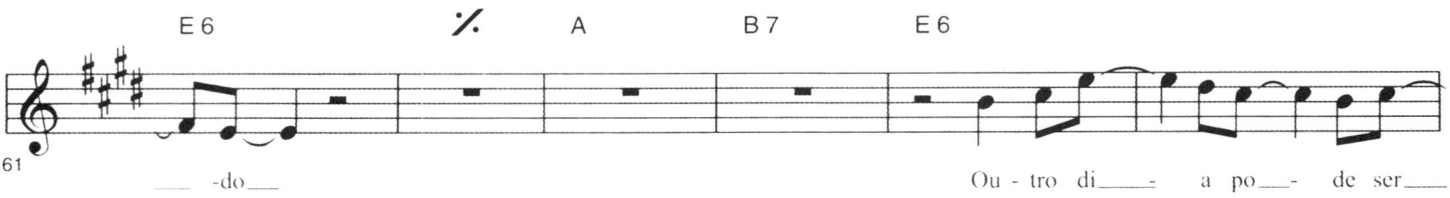

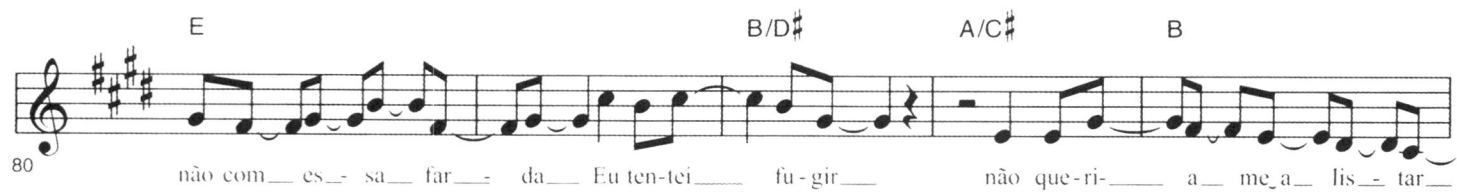

Noite do prazer

CLAUDIO ZOLI,
PAULO ZDANOWSKI e
ARNALDO BRANDÃO

Gm7   F   Eb   Dm7   Cm7   BbM7

Introdução: **Gm7 F Eb   Eb F Gm (2Xs)**
Gm7 E Dm7 Cm7 F (2Xs)

Gm7   Eb Dm7 Cm7 F
A noite vai ser boa

Gm7   Eb Dm7 Cm7   F
De tudo vai rolar,   vai rolar

Gm7   Eb Dm7
De certo que as pessoas

Cm7   F
Querem se conhecer

Gm7   Eb Dm7 Cm7 F
Se olham e se beijam numa festa ge__nial

REFRÃO:

BbM7   Gm7   Cm7
Na madruga__da a vitrola rolan__do um blues

F   BbM7
Tocando B.B. King sem parar

Gm7   Cm7
Sinto por den__tro uma força vibran__do, uma luz

F   BbM7   F
A energia que emana de to__do prazer

Instrumental (2Xs): **Gm7 Eb Dm7 Cm7 F**

Gm7   Eb Dm7 Cm7 F
Prazer estar contigo

Gm7   Eb Dm7 Cm7 F
Um brinde ao desti__no

Gm7   Eb Dm7 Cm7   F
Será que o meu signo tem a ver com o seu?

Gm7   Eb Dm7   Cm7   F
Vem ficar comi_go depois que a fes__ta acabar

Refrão

Solo de guitarra e de voz (4Xs): **Gm7 Eb Dm7 Cm7 F**

Refrão

Solo de guitarra e de voz (4Xs e fade out):
Gm7 Eb Dm7 Cm7 F

Copyright © 1983 by WARNER CHAPPELL EDIÇÕES MUSICAIS LTDA.
Todos os direitos autorais reservados para todos os paises. *All rights reserved.*

Barrados no baile

EDUARDO DUSEK e
LUIS CARLOS GÓES

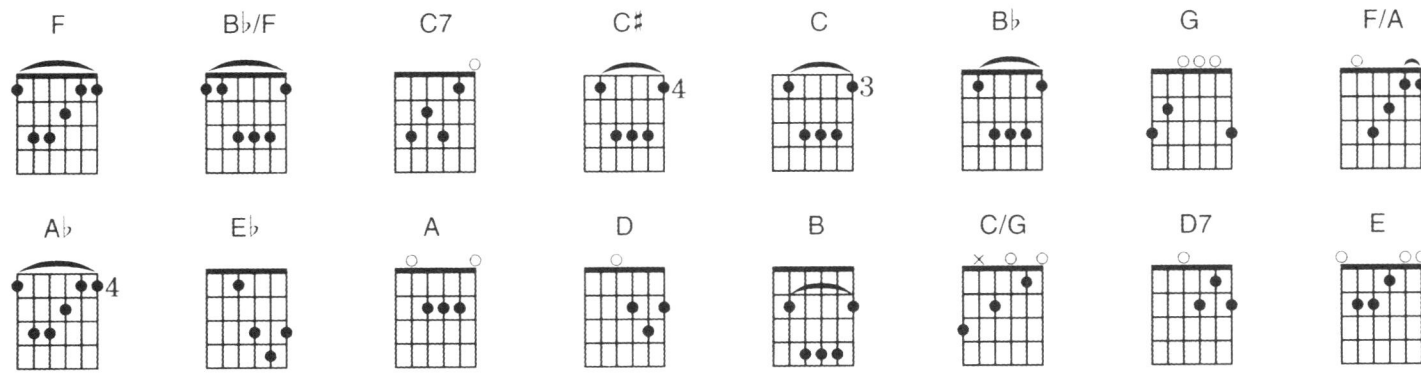

Introdução: convenção

F   Bb/F
  Uah pah pararurarah
F   C7
  Papapapararurah
F   Bb/F
  Uah pah pararurarah
F   C# C
  Papapapararurah

F   Bb
  Ela num macacão de plás_tico
G   C
  E_le com um corpo elás_tico

  Pensaram em se divertir
F   Bb
  Fizeram muito Cooper, ginás_tica
G   C
  Ligados numa muito bombás_tica

  Aplicados pra não dormir
Bb   F/A
  E_la se sentia incrí_vel
Ab   Eb
  E_le se achava apetecível
Bb   F/A
  Disseram somos gente de ní_vel
G   C
  O Casal Vinte daqui

F   Bb
  Mas foram barrados no bai_le
G   C
  Tratados como maus elemen_tos
A   D
  Lá dentro rolando Bob Mar_ley
G   C
  Cá fora por favor documen_to

REFRÃO (2Xs):
     F   Bb/F
  Barrados no baile uô__uô
     F   C7
  Só viviam dando deta__lhe
     F   Bb/F
  Barrados no baile uô__uô
     F   C7
  E meu amor nem me fa__le
     Bb   C
  Mas isso é que dá
N.C.   F Bb B C
  'Cê querer frequentar

Instrumental: **F Bb C**

         F   Bb
  Tentaram argumentar somos chi_ques
         G   C
  Ele de leve sugeriu um trambi_que

  Lhe deram uma bofetada
         F   Bb
  Pensando que a finesse não impor_ta
         G   C
  Ela gritou: "Olha que arrombo essa por_ta"

  Já levando uma pernada
     Bb   F/A
  O plástico e a plástica não são nada
     Ab   Eb
  Mes_mo gente considera_da
     Bb   F/A
  Saca que qualquer privê é cila_da
     G   C
  Se não for peixinho não na_da

Refrão (2Xs)

Instrumental: **F Bb C**

     F   Bb
  A dupla que era chique na entra_da
     G   C
  Amarrotada teve que sartar

     A   D
  Ainda foi vista pela madruga_da
     G   C
  Comendo um hot dog vulgar
     F   Bb
  Pois foram barrados no bai__le
     G   C
  Tratados como maus elemen_tos
     A   D
  Lá dentro rolando Bob Mar_ley
     G   C
  Cá fora por favor documen_to

Refrão (2Xs)

Instrumental: **F Bb F C**

CONVENÇÃO

Refrão (2Xs)

     G   C/G
  Barrados no baile uô__uô
     G   D7
  Só viviam dando deta__lhe
     G   C/G
  Barrados no baile uô__uô
     G   D7
  E meu amor nem me fa__le
     C   D
  Mas isso é que dá
N.C.   G C C# D
  'Cê querer frequentar
     C   D
  Isso é que dá
N.C.   G C C# D
  'Cê querer frequentar
     C   D
  Isso é que dá

CONVENÇÃO

Final: **E**

Barrados no baile

EDUARDO DUSEK e
LUIS CARLOS GÓES

A dois passos do paraíso

EVANDRO MESQUITA e
RICARDO BARRETO

  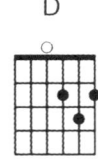 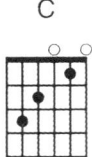 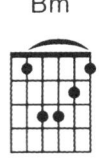 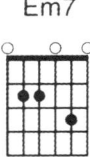

Introdução: **G Am7 G Am7**

G   **Am7**
  Longe de casa   há mais de uma semana
G   **Am7**
  Milhas e milhas distante   do meu amor
G
  Será que ela está me esperando
Am7
  Eu fico aqui sonhando
C   **Am7**   **D C Bm D**
  Voando alto,   perto do cé (éu)

Am7   **Em7**
  Saio de noite   andando sozinho
Am7
  Eu vou entrando em qualquer barra
Em7
  Eu faço meu caminho
Am7
  O rádio toca uma canção
D   **C**   **Bm**   **D**
  Que me faz lembrar você
Am7
  Eu fico louco de emoção
        D **C** **Bm**   **D**
  E já não sei o que vou fazer

REFRÃO:
G
  Estou a dois passos
Am7
  (Do paraíso) não sei se vou voltar
G
  Estou a dois passos
Am7
  (Do paraíso) talvez eu fique, eu fique por lá
G   **Am7**
  Estou a dois passos   do paraíso
C   **Am7 G Em7 Am7**
  Não sei por que que eu fui dizer bye bye

FALANDO (base): **G   Em7   Am7**

A Rádio Atividade leva até vocês mais um programa da séria série: "Dedique uma canção a quem você ama".

Eu tenho aqui em minhas mãos uma carta, uma carta de uma ouvinte que nos escreve e assina com o singelo pseudônimo de Mariposa Apaixonada de Guadalupe.

Ela nos conta que no dia em que seria o dia do dia mais feliz de sua vida, Arlindo Orlando, seu noivo, um caminhoneiro conhecido da pequena e pacata cidade de Miracema do Norte fugiu, desapareceu, escafedeu-se.

Oh! Arlindo Orlando, volte, onde quer que você se encontre, volte para o seio de sua amada.

Ela espera ver aquele caminhão voltando, de faróis baixos, e para-choque duro. Agora uma canção.

Canta pra mim, eu não quero ver você triste assim...

REFRÃO 2:
G
  Estou a dois passos
Am7
  Do paraíso e meu amor vou te buscar
G
  Estou a dois passos
Am7
  Do paraíso e nunca mais vou te deixar
G   **Am7**
  Estou a dois passos   do paraíso
C   **Am7 G**
  Não sei por que que eu fui dizer bye bye

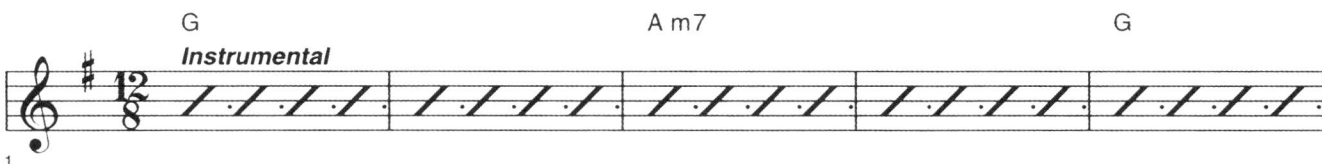
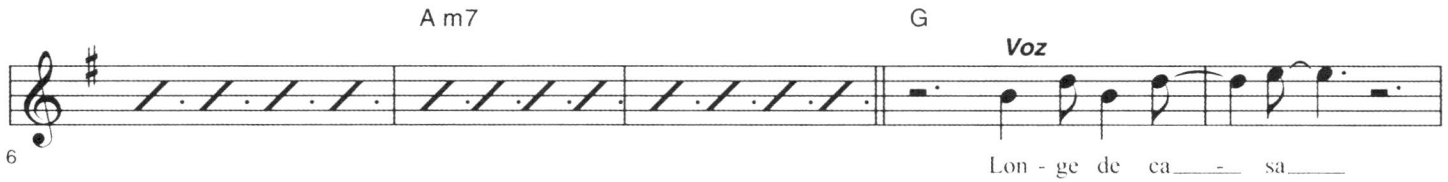
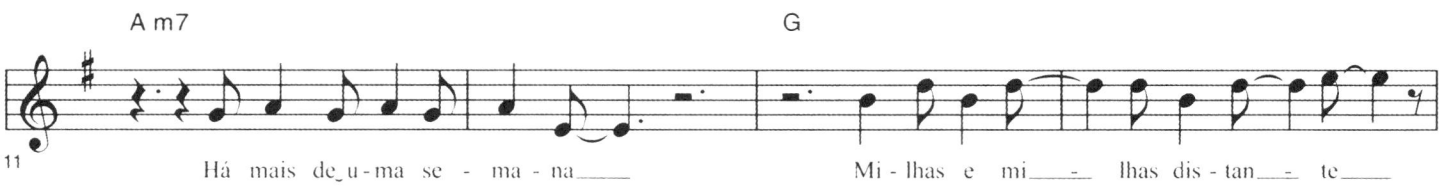

Copyright © 1991 by WARNER CHAPPELL EDIÇÕES MUSICAIS LTDA.
Copyright © by EDIÇÕES MUSICAIS TAPAJÓS LTDA.
Todos os direitos autorais reservados para todos os países. *All rights reserved.*

Proibida pra mim

CHORÃO, MARCÃO,
CHAMPIGNON,
THIAGO e PELADO

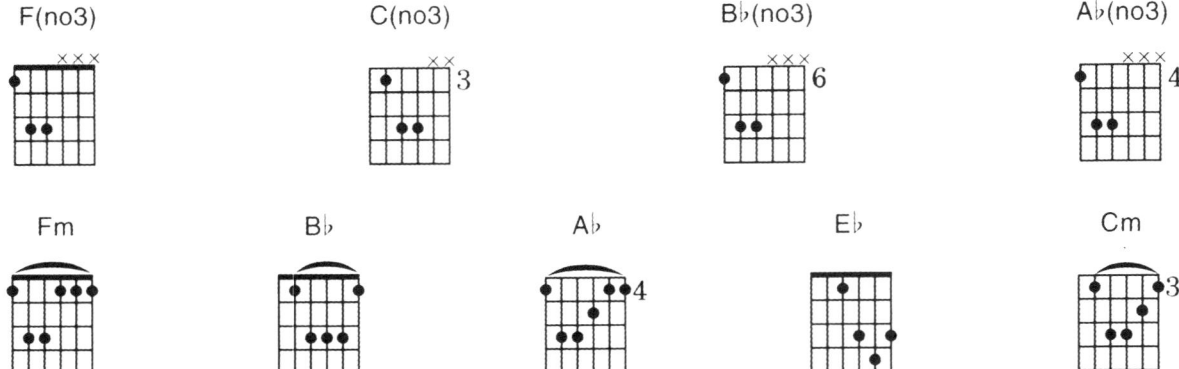

Introdução: **F(no3) C(no3) Bb(no3)
Ab(no3) Bb(no3) Ab(no3)**
Fm Bb Ab Fm Bb Ab Fm Bb Ab Fm Bb Ab

Eb   **Bb**
    Ela achou meu cabelo engraçado
Cm   **Ab**
    Proibida pra mim,   no way
Eb   **Bb**
    Disse que não podia ficar
Cm   **Ab**
    Mas levou a sério o que eu falei
Eb   **Bb**
    Eu vou fazer de tudo que eu puder
Cm   **Ab**
    Eu vou roubar essa mulher pra mim
Eb   **Bb**
    Eu posso te ligar a qualquer hora
Cm   **Ab**
    Mas eu não sei   seu nome

REFRÃO (2Xs):

Eb   **Bb**
    Se não eu, quem vai fazer você feliz?
Cm   **Ab**
    Se não eu, quem vai fazer você feliz?
Eb   **Bb Cm Ab**
    Yeah!

Instrumental (4Xs): **Fm Bb Ab**

Eb   **Bb**
    Eu me flagrei pensando em você
Cm   **Ab**
    Em tudo que eu queria te dizer
Eb   **Bb**
    Numa noite especialmente boa
Cm   **Ab**
    Não há nada mais que a gente
possa fazer
Eb   **Bb**
    Eu vou fazer de tudo que eu puder
Cm   **Ab**
    Eu vou roubar essa mulher pra mim
Eb   **Bb**
    Eu posso te ligar a qualquer hora
Cm   **Ab**
    Mas eu não sei seu nome

Refrão

Instrumental (2Xs): **F(no3) C(no3)
Bb(no3) Ab(no3) Bb(no3) Ab(no3)**

Refrão

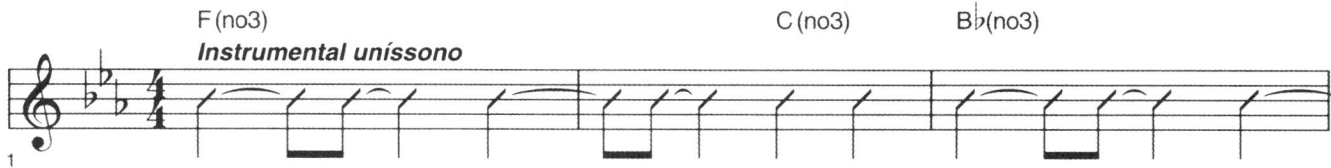
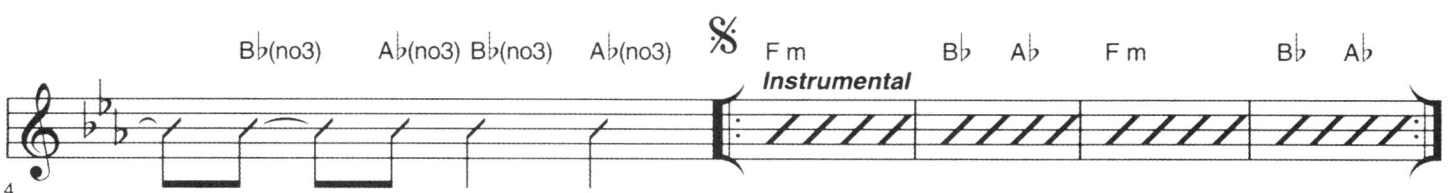

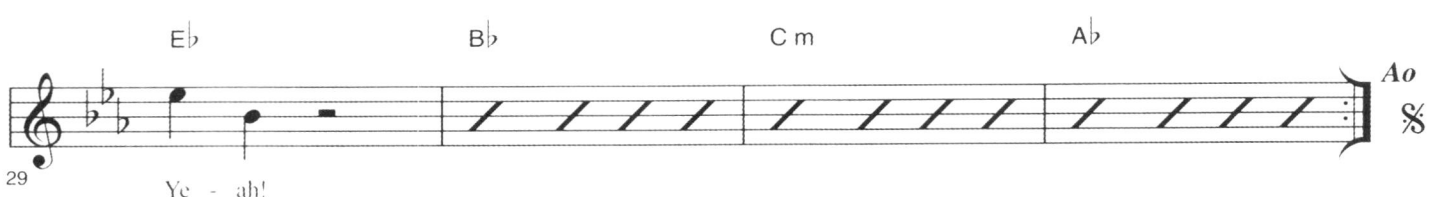
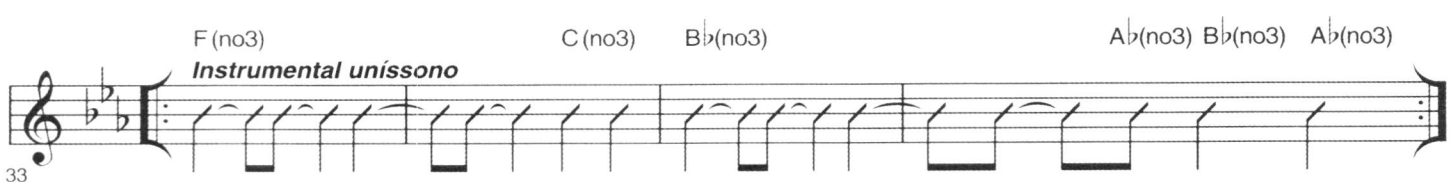
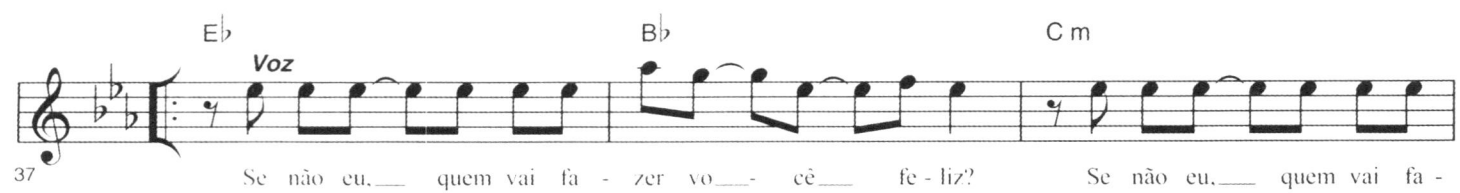
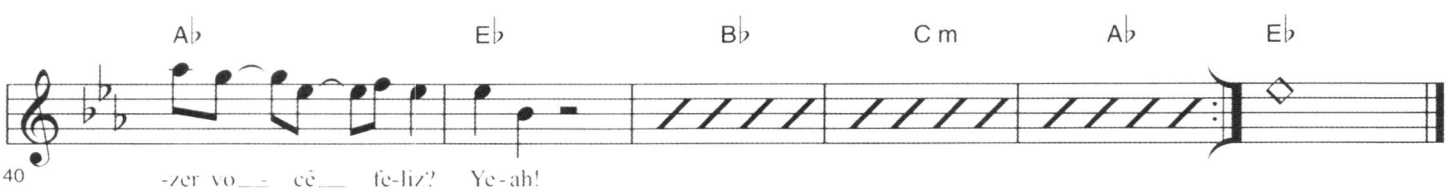

Mesmo que seja eu

ROBERTO CARLOS e
ERASMO CARLOS

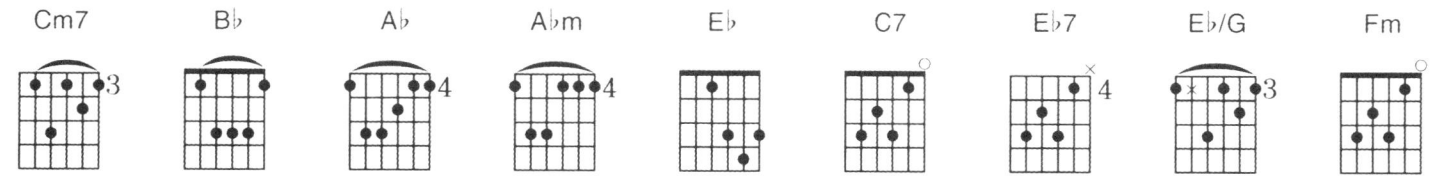

Introdução: **Cm7 Bb Cm7 Bb**

Cm7　　　　　　　　　　　　**Bb**
　　Sei que você fez os seus caste__los
Cm7　　　　　　　　　　　**Bb**
　　E sonhou ser salva do dragão
Ab　　　　**Abm**
　　Desilusão　　meu bem
Eb　　　　　**C7**　　　　**Fm**　　　**Bb**
　　Quando acordou　estava sem　ninguém
Cm7　　　　　　　　　　　　**Bb**
　　Sozinha no silêncio do seu quar__to
Cm7　　　　　　　　　　　**Bb**
　　Procura a espada do seu salvador
Ab　　　　　　**Abm**
　　Que no sonho se de__sespera
Eb　　　　　　**C7**　　　**Fm**　　　**Bb**
　　Jamais vai poder　livrar você　da fera
　　　　Cm7
　　Da solidão

Instrumental: **Bb Cm7 Bb**

Ab　　　　　　**Abm**
　　Com a força do　meu canto
Eb　　　　　　　**C7**　　　　**Fm**　　**Bb**
　　Esquento o seu quar__to pra secar　seu pranto
　　　Cm7
　　Aumenta o rádio
　　　Eb7
　　Me dê a mão

REFRÃO:
　　　Ab　　　**Abm**　　　　**Eb/G**　　　**C7**
　　Filosofia é poesia é o que dizia a minha vó
　　　　Fm　　　　**Bb**　　　　**Eb7**
　　Antes mal acompanhada do que só
　　　　Ab　　　　**Abm**　　　　**Eb/G**　　　**C7**
　　Você precisa de um homem pra chamar de seu
　　　Fm　　　　**Bb**　　　　**Cm7**
　　Mesmo que esse homem seja eu

Instrumental: **Bb Cm7 Bb**

Ab　　　　　　**Abm**
　　Com a força do　meu canto
Eb　　　　　　　**C7**　　　　**Fm**　　**Bb**
　　Esquento o seu quar__to pra cercar　seu pranto
　　　Cm7
　　Aumenta o rádio
　　　Eb7
　　Me dê a mão

Refrão

Repete ad. libitum e fade out:
　　　　　　　　Bb
Um homem pra chamar de seu
Cm7
Eu
　　　　　　　　Bb
Um homem pra chamar de seu
　　　　　　Cm7
Mesmo que seja eu

Mesmo que seja eu

ROBERTO CARLOS e
ERASMO CARLOS

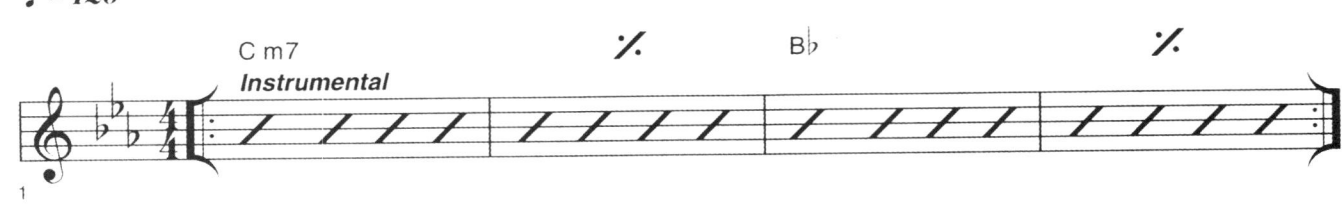

Sei que você fez os seus castelos
Sozinha no silêncio do seu quarto

E sonhou ser salva do dragão
Procura a espada do seu salvador

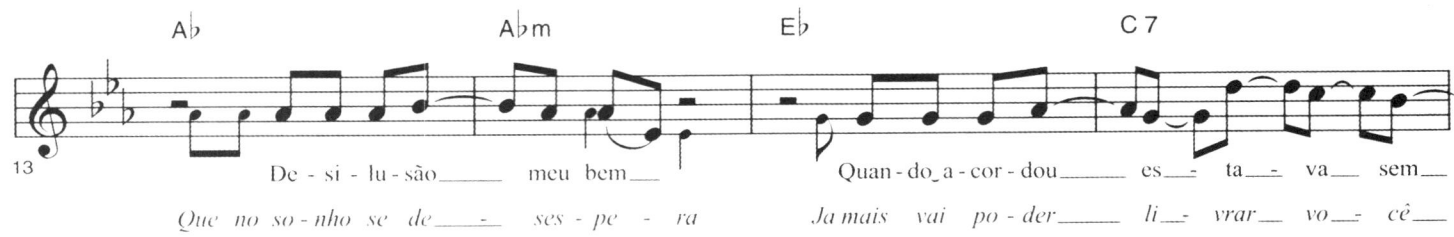

Desilusão meu bem   Quando acordou estava sem
Que no sonho se desespera   Jamais vai poder livrar você

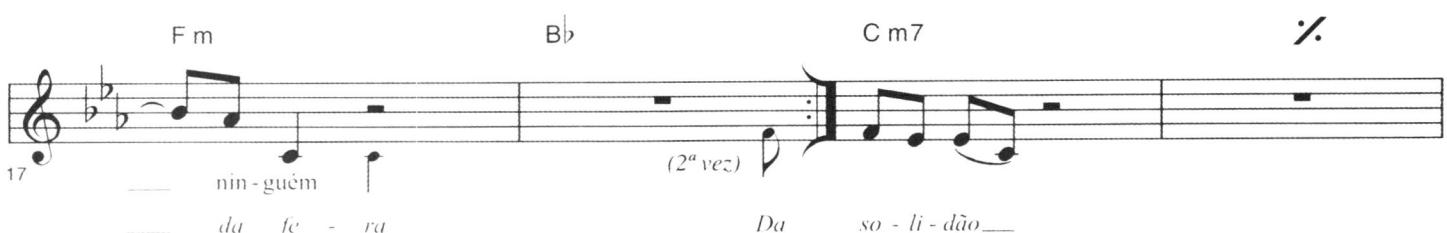

ninguém   (2ª vez) Da solidão
da fera

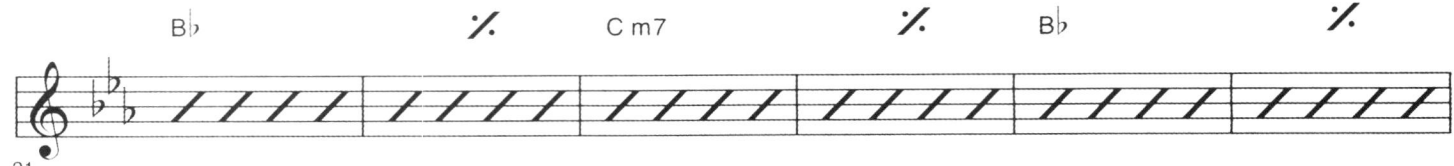

Copyright © 1982 by WARNER CHAPPELL EDIÇÕES MUSICAIS LTDA.
Todos os direitos autorais reservados para todos os países. *All rights reserved.*

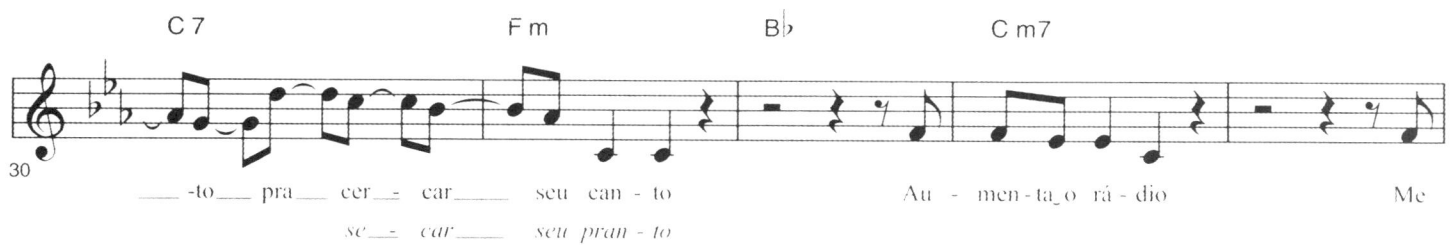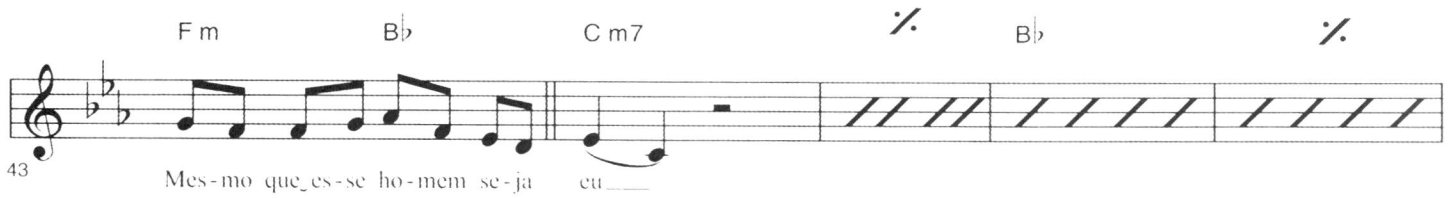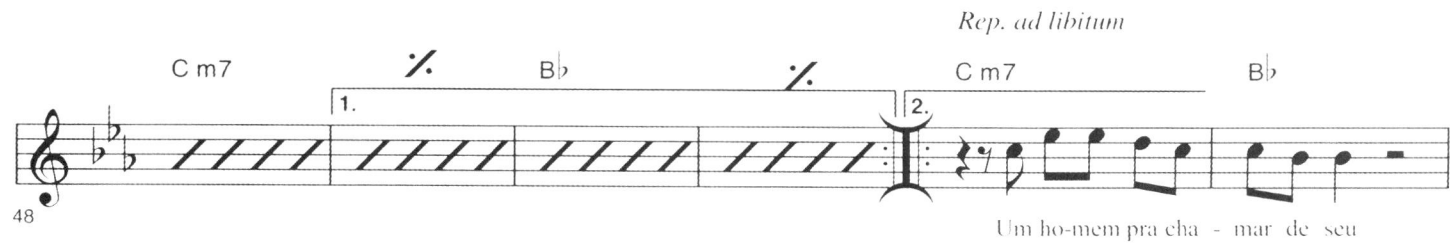

Podres poderes

CAETANO VELOSO

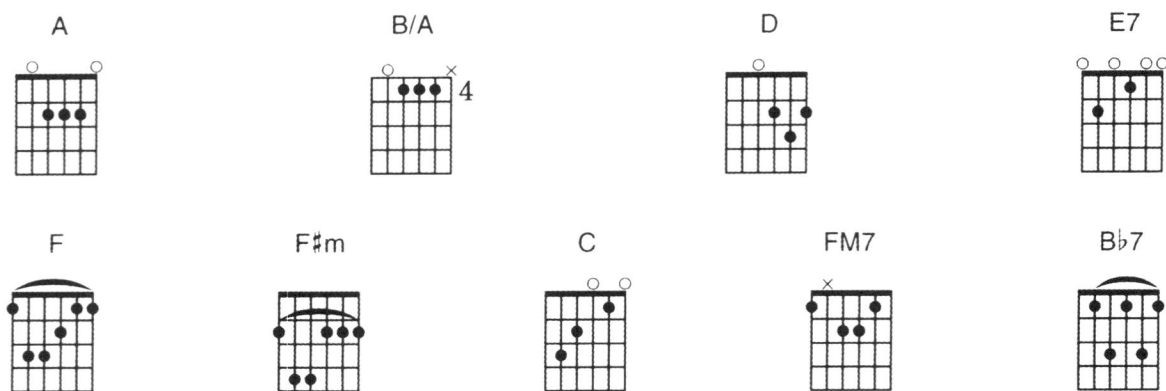

Introdução: **A**

A
　Enquanto os homens exercem seus podres poderes
B/A
　Motos e Fuscas avançam os sinais vermelhos
D　　　　　**E7**　**F**　　　**F#m**
　E perdem os verdes, somos uns boçais
A
　Queria querer gritar setecentas mil vezes
B/A
　Como são lindos, como são lindos os burgueses
D　　　　　**E7**　**F**　　　**F#m**
　E os japoneses mas tudo é muito mais

　C
　Será que nunca faremos senão confirmar
E7
　A incompetência da América católica
FM7　　　　　　　　　　　**Bb7**
　Que sempre precisará de ridículos tiranos?
　C
　Será, será que será, que será, que será
E7
　Será que esta minha estúpida retórica
FM7　　　　　　　　　　　**Bb7**
　Terá que soar, terá que se ouvir por mais mil anos?

```
   A
      Enquanto os homens exercem seus podres poderes
   B/A
      Índios e padres e bichas negros e mulheres
   D              E7      F        F#m
      E adolescentes fazem o carnaval
   A
      Queria querer cantar afinado com eles
   B/A
      Silenciar em respeito ao seu transe num êxtase
   D              E7      F        F#m
      Ser indecente mas tudo é muito mau


   C
      Ou então cada paisano e cada capataz
   E7
      Com sua burrice fará jorrar sangue demais
   FM7                              Bb7
      Nos pantanais, nas cidades, caatingas e nos gerais
   C
      Será que apenas os hermetismos pascoais
   E7
      E os tons e os Miltons seus sons e seus dons geniais
   FM7                              Bb7
      Nos salvam, nos salvarão dessas trevas e nada mais?


   A
      Enquanto os homens exercem seus podres poderes
   B/A
      Morrer e matar de fome, de raiva e de sede
   D              E7      F        F#m
      São tantas vezes gestos naturais
   A
      Eu quero aproximar o meu cantar vagabundo
   B/A
      Daqueles que velam pela alegria do mundo
   D              E7      F        F#m
      Indo mais fundo Tins e bens e tais
```

Será que nunca faremos senão confirmar *(etc.)*
...Terá que soar, terá que se ouvir por mais mil anos

Solo de guitarra: **A B/A D E7 F F#m**

Solo de saxofone: **A B/A D E7 F F#m**

Ou então cada paisano e cada capataz *(etc.)*
Nos salvam nos salvarão dessas trevas e nada mais

Enquanto os homens exercem seus podres poderes *(etc.)*
...Indo mais fundo Tins e bens e tais

```
   D              E7      F        F#m
      Tudo mais fundo Tins e bens e tais
   D              E7      F        F#m
      Tudo mais fundo Tins e bens e tais
```

Podres poderes

CAETANO VELOSO

Lyrics below the staves:

En - quan - to os ho - mens e - xer - cem seus po - dres po - de - res   Mo - tos e Fus - cas a - van-
En - quan - to os ho - mens e - xer - cem seus po - dres po - de - res   Ín - dios e pa - dres e bi-
En - quan - to os ho - mens e - xer - cem seus po - dres po - de - res   Mor - rer e ma - tar de fo-

-çam os si - nais ver - me - lhos   E per - dem os ver - des,   so - mos uns bo - çais
-chas, ne - gros e mu - lhe - res   E a - do - les - cen - tes   Fa - zem o car - na - val
-me de rai - va e de se - de   São tan - tas ve - zes   Ges - tos na - tu - rais

Que - ri - a que - rer gri - tar
Que - ri - a que - rer can - tar
Eu que - ro a - pro - xi - mar o

Copyright © 1989 by GAPA/ WARNER CHAPPELL EDIÇÕES MUSICAIS LTDA.
Todos os direitos autorais reservados para todos os países. *All rights reserved.*

se - te - cen - tas mil ve - zes   Co - mo são lin - dos, co - mo são lin - dos os bur - gue - ses
a - fi - na - do com e - les   Si - len - ci - ar em res - pei - to ao seu tran - se num êx - ta - se
meu can - tar va - ga - bun - do   Da - que - les que ve - lam pe - la_a - le - gri - a do mun - do

E_os ja - po - ne - ses   mas tu - do_é mui - to mais
Ser in - de - cen - te   mais tu - do_é mui - to mau
In - do mais fun - do   Tins e bens e tais

Se - rá que nun - ca fa - re - mos se - não con - fir - mar
Ou en - tão ca - da pai - sa - no_e ca - da ca - pa - taz
Se - rá que nun - ca fa - re - mos se - não con - fir - mar

A_in - com - pe - tên - cia da A - mé - ri - ca ca - tó - li - ca   Que sem - pre pre - ci - sa - rá
Com sua bur - ri - ce fa - rá____ jor - rar san - gue de - mais   Nos pan - ta - nais nas ci - da-
A_in - com - pe - tên - cia da A - mé - ri - ca ca - tó - li - ca   Que sem - pre pre - ci - sa - rá

____ de ri - di____ - cu - los ti - ra - nos?   Se - rá, se - rá que se - rá
-des ca - a - tin____ - gas e nos ge - rais   Se - rá que_a - pe - nas os her__
de ri - di____ - cu - los ti - ra - nos?   Se - rá, se - rá que se - rá

____ que se - rá____ que se - rá   Se - rá que_es - ta mi - nha es - tú - pi - da - re - tó - ri - ca -
-me__ tis__ - mos pas - co - ais   E_os tons e_os Mil- - tons seus sons e seus dons ge - ni - ais
____ que se - rá____ que se - rá   Se - rá que_es - ta mi - nha es - tú - pi - da re - tó - ri - ca

Te - rá que so - ar, te - rá que se_ou - vir____ por mais mil a - nos?____
Nos sal - vam, nos sal - va - rão des - sas tre__ - vas e na - da mais?____
Te - rá que so - ar, te - rá que se_ou - vir____ por mais mil a - nos?

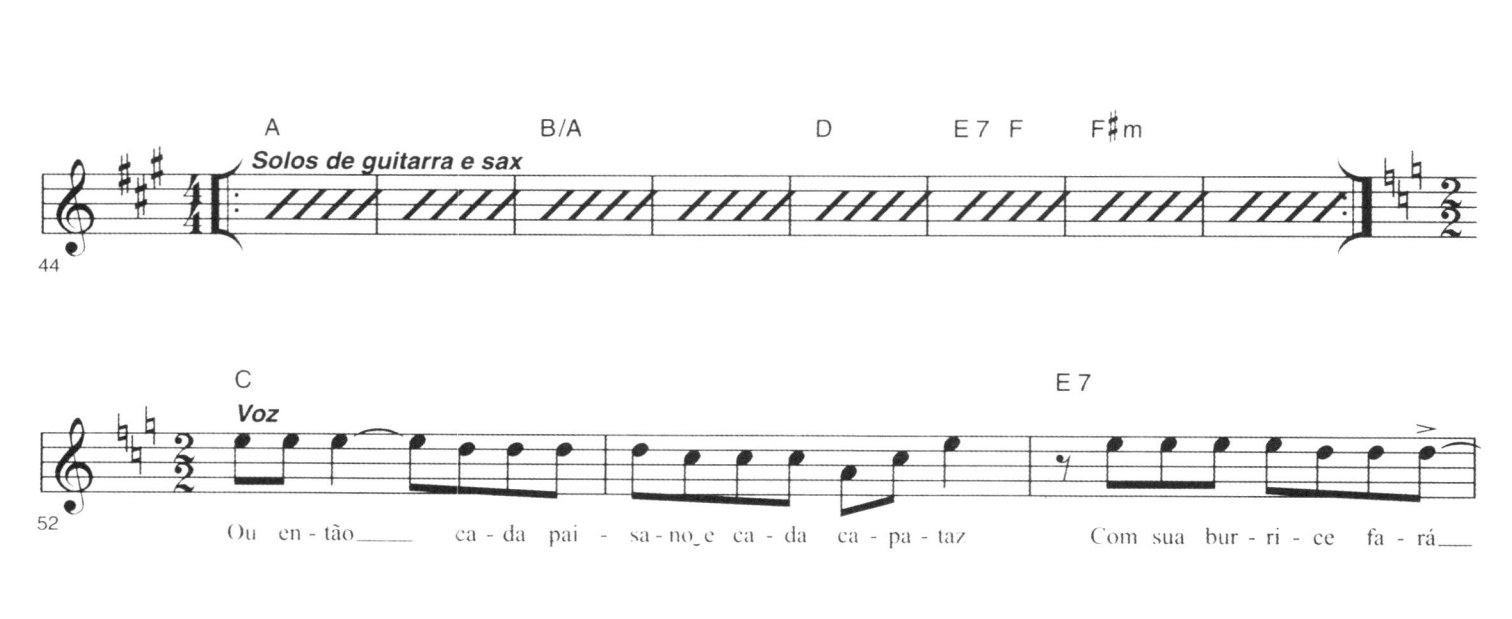

Ou en-tão___ ca-da pai-sa-no e ca-da ca-pa-taz Com sua bur-ri-ce fa-rá___ jor-rar san___-gue de-mais Nos pan-ta-nais nas ci-da-des ca-a-tin-gas e nos ge-rais___ Se-rá que a-pe-nas os her-me-tis-mos pas-coais E os tons e os Mil-tons seus sons e seus dons ge-ni-ais Nos sal-vam___ nos sal-va-rão des-sas tre-vas e na-da mais?___

Ao 𝄋 (3ª letra) e 𝄌

Uh! Uh! Tu-do mais fun-do Tins e bens e tais

Uh! Uh! Tu-do mais fun-do Tins e bens e tais

Convenção

Deixa chover

GUILHERME ARANTES

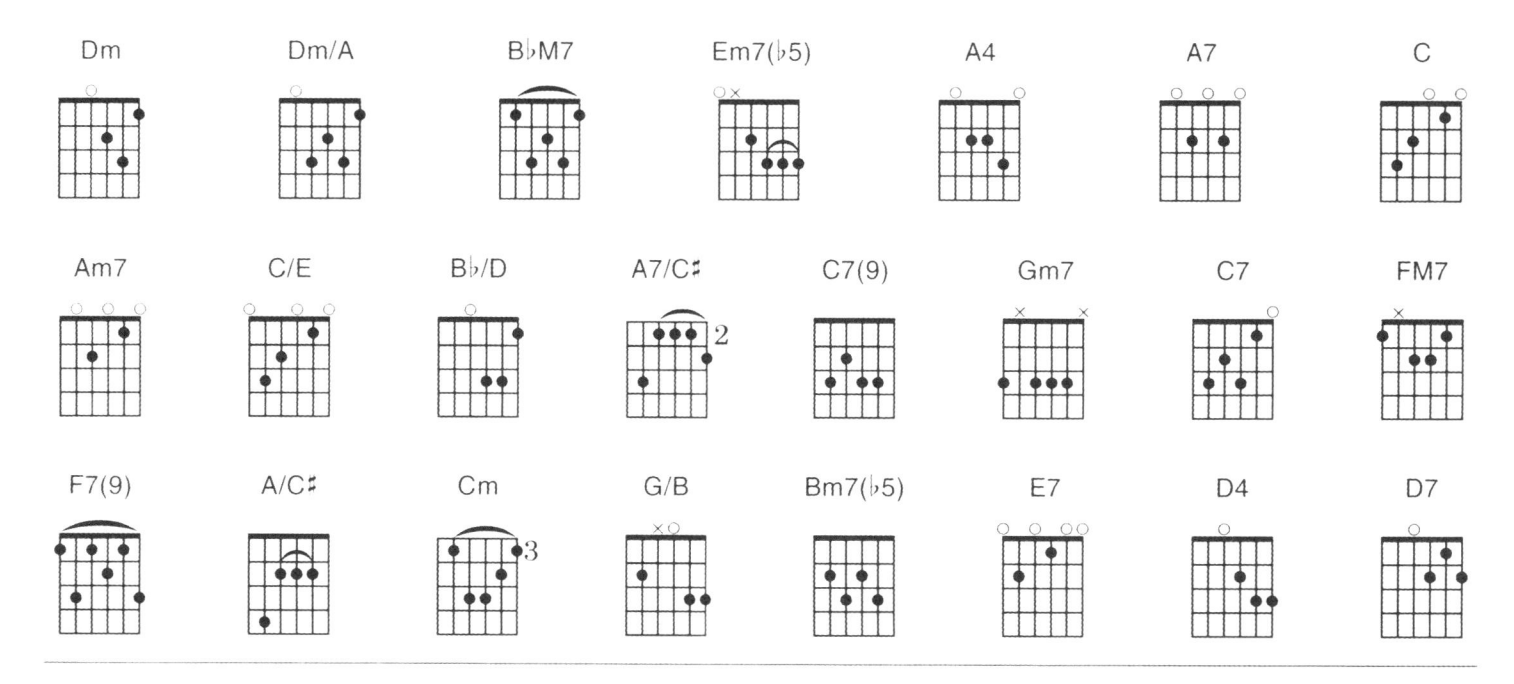

Introdução: **Dm Dm/A BbM7 Em7(b5) A4 (2Xs)**

Dm A7 BbM7 Am7
Dm A7 C/E Bb/D A7/C#

      Dm   A7
Certos dias de chuva
C7(9)   BbM7
Nem é bom sair
      Am7   Gm7
De casa, agitar
C7   FM7
É melhor dormir
      F7(9)   BbM7
Se você tentou
 A/C#   Cm
E não aconteceu
   G/B
Valeu!
BbM7   A/C# Dm
Infelizmente nem tudo é
Gm7   A4   A7
Exatamente como a gente quer

     Dm   A7
As pessoas sempre têm
C7(9)   BbM7
Chance de jogar
    Am7   Gm7
De novo e errar
C7   FM7
Ver o que convém
     F7(9)   BbM7
Receber alguém
A/C#   Cm
No seu coração
   G/B
Oh! Não
BbM7   A/C# Dm
Infelizmente nem tudo é
Gm7   A4   A7
Exatamente como a gente quer

REFRÃO:

Dm
Deixa chover, ah! Ah! Ah!
Am7
Deixa chuva molhar
Gm7   A7
Dentro do peito tem um fogo ardendo
 Dm   F7
Que nunca vai se apagar
BbM7   Bm7(b5) E7
Deixa chover, ah! Ah! Ah!
Am7   D4 D7
Deixa chuva molhar
Gm7   A7
Dentro do peito tem um fogo ardendo
    BbM7 Gm7 A7   Dm C/E Bb/D A7/C#
Que nunca nada, nada, vai apagar

As pessoas sempre têm *(etc.)*

FINAL:

Gm   A7   Dm Dm/A BbM7 Em7(b5) A4
Nada vai apagar
Dm   Dm/A   BbM7
Piririrarararam piriram pam pam
        Em7(b5) A4
Pararam pararam piririra
Dm C Dm
Deixa chover

Deixa chover

GUILHERME ARANTES

♩ = 116

| Dm | Dm/A | B♭M7 | Em7(♭5) A4 | Dm | A7 | C | B♭M7 Am7 |

| Dm | A7 | C | C/E B♭/D A7/C# | Dm | A7 |

Cer-tos di—as de chu—va

| C7(9) | B♭M7 | Am7 | Gm7 | C7 |

Nem é bom sair De ca—sa, a-gi-tar É me-lhor dor-mir

| FM7 | F7(9) | B♭M7 | A/C# | Cm |

Se vo-cê ten-tou E não a-con-te-ceu Va-leu!

| G/B | B♭M7 | A/C# Dm | Gm7 | A4 A7 |

In-fe-liz-men-te nem tu-do é E-xa-ta-men-te co-mo_a gen-te quer As pes-so-

| Dm | A7 | C7(9) | B♭M7 |

-as sem-pre têm Chan-ce de jo-gar De no-

| Am7 | Gm7 C7 | FM7 | F7(9) | B♭M7 |

-vo e_er-rar Ver o que con-vém Re-ce-ber al-guém
e_er-rar

Copyright © 1993 by SONY MUSIC EDIÇÕES MUSICAIS LTDA.
Todos os direitos autorais reservados para todos os países. *All rights reserved.*

A/C♯ Cm G/B B♭M7 A/C♯ Dm
40
No seu co - ra - ção Oh! Não In-fe-liz-men - te nem tu - do é
Oh! Não
Gm7 A4 A7 Dm
45
E - xa - ta - men - te co - mo a gen - te quer Dei - xa cho - ver ah! Ah! Ah!
Am7 Gm7 A7
49
Dei-xa chu - va mo-lhar Den-tro do pei - to tem um fo - go ar - den - do Que
Dm F7 B♭M7 Bm7(♭5) E7 Am7
53
nun-ca vai se a-pa-gar Dei - xa cho - ver ah! Ah! Ah! Dei-xa chu - va mo-lhar
D4 D7 Gm7 A7 B♭M7
58
Den - tro do pei - to tem um fo - go ar - den - do Que nun - ca na - da,
Gm7 A7 Dm C/E B♭/D A7/C♯ Dm
1. 2.
62
na - da, vai a - pa - gar As pes - so- Ah!
Dm/A B♭M7 Em7(♭5) A4 Dm Dm/A
68
Pi - ri - ri - ra - ra - ra - ram Pi - ri - ri - ram pam pam
B♭M7 Em7(♭5) A4 Dm C Dm
73
Pa - ra - ram pa - ra - ram Pi - ri - ri - ra Dei - xa cho - ver

Fixação

BENI, LEONI e
PAULA TOLLER

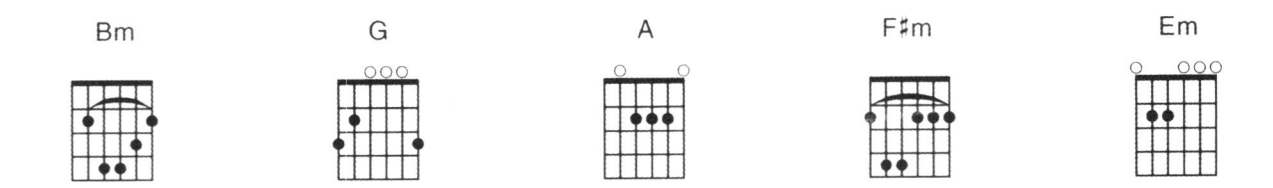

[Chord diagrams: Bm G A F#m Em]

Introdução: (4Xs): **Bm G A**

Bm   G   A   Bm G   A
  Seu rosto na tevê   parece um milagre
Bm   G   A   Bm   G   A
  Uma perfeição   nos mínimos deta_lhes
Bm   G   A   Bm G   A
  Eu mudo o canal,   eu viro a página
Bm   G   A   Bm   G   A
  Mas você me persegue por todos os luga_res

   F#m   G
  Eu vejo seu poster na folha central
   Em   A
  Beijo sua boca, te fa_lo bobagens

REFRÃO:

Bm G   A
  Fixação, seus olhos no retrato
Bm G   A
  Fixação, minha assombração
Bm G   A
  Fixação, fantasmas no meu quarto
Bm G   A   Bm G A
  Fixação, I want to be alone

Solo de sax sobre a base (4Xs): **Bm G A**

Bm   G   A   Bm G   A
  Preciso de u_ma chance de tocar em você
Bm   G   A   Bm   G   A
  Captar a vi_bração que sinto em sua ima_gem
Bm   G   A   Bm   G   A
  Fecho os olhos pra te ver   você nem percebe
Bm   G   A   Bm   G   A
  Penso em provas de amor, ensaio um show passional

   F#   G
  Eu vejo seu poster na folha central
   Em   A
  Beijo sua boca, te fa_lo bobagens

Refrão

Solo de sax (4Xs): **Bm G A**

Solo de guitarra (8Xs): **Bm G A**

4 vezes:

Bm G   A
  Fixação

Repete ad libitum e fade out: **Bm G A**

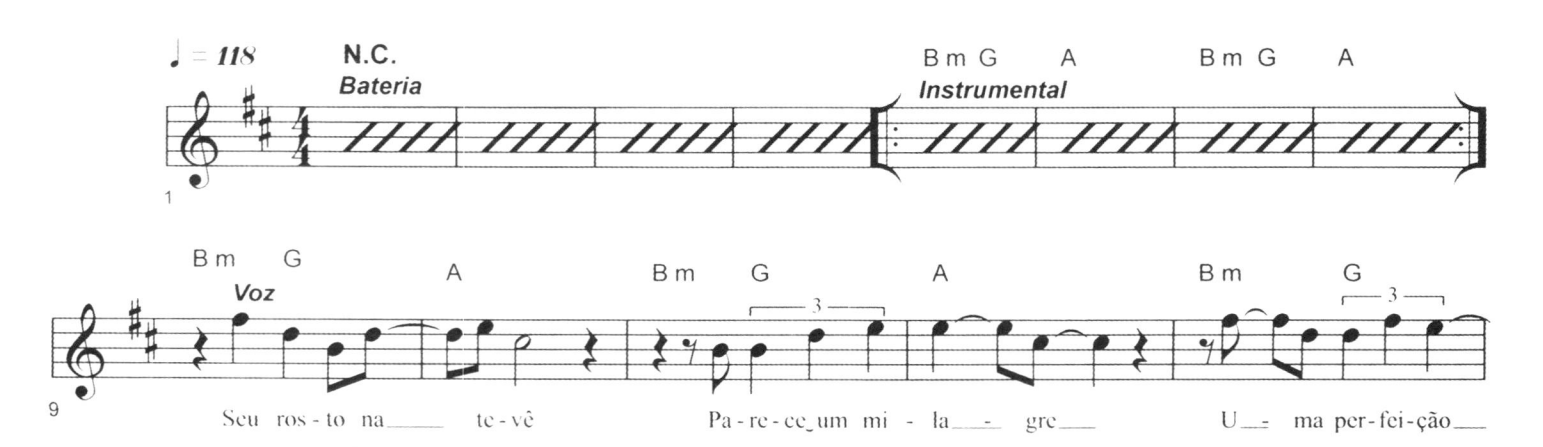

[Sheet music notation with tempo ♩=118, N.C., Bateria, Instrumental, Voz: "Seu rosto na tevê / Parece um milagre / Uma perfeição"]

Copyright © 1987 by WARNER CHAPPELL EDIÇÕES MUSICAIS LTDA.
Todos os direitos autorais reservados para todos os países. *All rights reserved.*

A Bm G A Bm G A
14
nos mi-ni-mos de - ta - lhes Eu mu - do o ca-nal
Bm G A Bm G A Bm G
19
eu vi-ro a pá - gi - na Mas vo-cê me per - se-gue por to-dos os lu - ga -
A F♯m G Em
24
res Eu ve - jo seu pos-ter na fo - lha cen-tral Bei - jo su-a bo - ca, te fa -
A Bm G A Bm G
28
-lo bo-ba - gens Fi-xa ção, seus o-lhos no re-tra-to Fi - xa - ção,
A Bm G A Bm G
33
mi - nha as - som - bra - ção Fi - xa - ção, fan - tas-mas no meu quar - to Fi - xa - ção, I
A Bm G A Bm G
Solo de sax
37
want to be a - lone
A Bm G A Bm G A
41
Bm G A Bm G A
Voz
46
Pre - ci - so de u - ma chan - ce de to - car em vo - cê

Cap - tar a vi - bra - ção que sin - to em su - a_i - ma - gem
Fe - cho os o - lhos pra_ te ver vo - cê nem per - ce - be Pen - so em pro - vas de a -
- mor, en - sai - o_um show pas - sio - nal Eu ve - jo seu pos - ter na
fo - lha cen - tral Bei - jo su - a bo - ca, te fa - lo bo - ba - gens Oh!

1ª vez: solo de sax   *2ª e 3ª vezes: solo de guitarra*

want to be a - lone

Fi - xa - ção_ Fi - xa - ção_

Rep. ad libitum

Fade out

Toda forma de poder

HUMBERTO GESSINGER

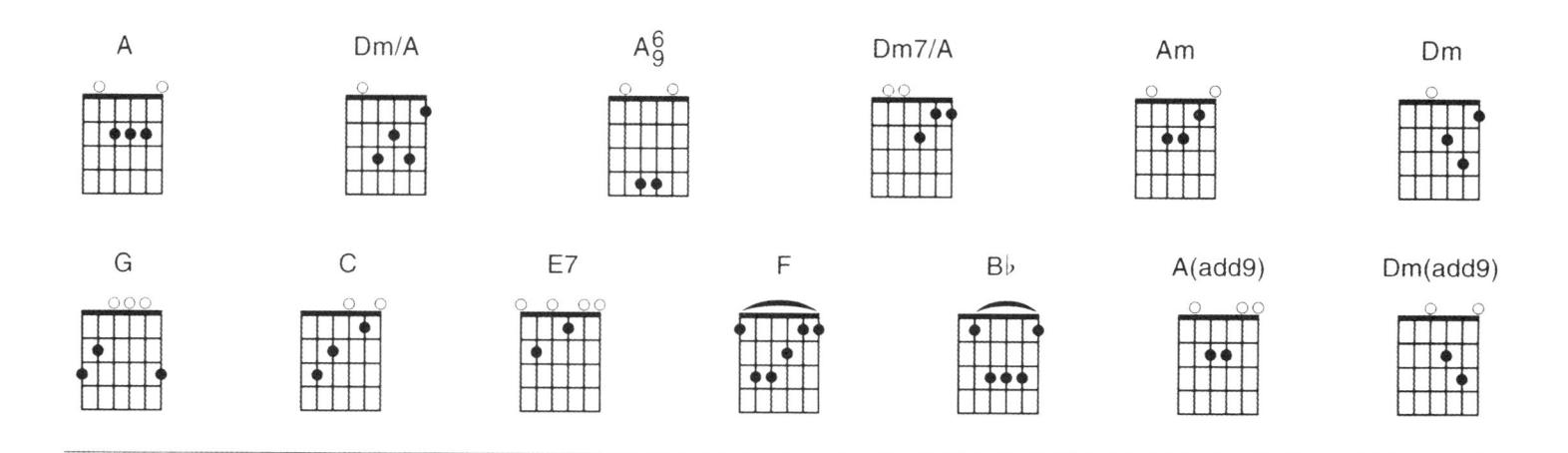

[Chord diagrams: A, Dm/A, A6/9, Dm7/A, Am, Dm, G, C, E7, F, Bb, A(add9), Dm(add9)]

Introdução: **A Dm/A A6 9 Dm7/A**

A   **Am**
Eu presto atenção no que eles dizem
            Dm **G C E7**
Mas eles não dizem nada
 Am
Fidel e Pinochet tiram sarro de você
      Dm **G C E7**
Que não faz nada
 Am
E eu começo a achar normal quando um boçal
          Dm **G C F Bb E7**
Atire bombas na embaixada

REFRÃO:
   A(add9)   **Dm**   **E7**
Se tudo passa, talvez você pas__se por aqui
   A(add9)   **Dm**   **E7**
E me faça esquecer   tudo que eu fiz
   A(add9)   **Dm**   **E7**
Se tudo passa, talvez você pas__se por aqui
   A(add9) **Dm** **E7 D E7**
E me faça esquecer

Am
Toda forma de poder é uma forma
          Dm **G C E7**
De morrer por nada
Am
Toda forma de conduta
                 Dm G C E7
Se transforma numa luta armada

        Am   **Dm**
A história se repete mas a força deixa história mal contada
        G   **C**   **F**   **Bb E7**
Tada tada tada tada tada tada tada tada tada tada tada

Refrão

        Am
E o fascista é fascinante deixa a gente ignorante
  Dm **G C E7**
Fascinada
       Am
E é tão fácil ir adiante e se esquecer que a coisa toda tá
  Dm **G C E7**
Errada
      Am
Eu presto atenção no que eles dizem
          Dm
Mas eles não dizem nada
     G   **C**   **F**
Nada nada nada nada nada nada nada nada nada
    Bb   **E7**
Nada nada não

Refrão

Solo de guitarra (4Xs): **A Dm(add9) E7**

Refrão

Final:

Dm   E7   A
Eh! Eh! Ou!

Toda forma de poder

HUMBERTO GESSINGER

♩ = 200

Eu pres-to a-ten-ção no que e-les di-zem Mas e-les não di-zem na - da yeh yeh Fi--del e Pi-no-chet ti-ram sar - ro de vo-cê Que não faz na - da yeh yeh E eu co-me-ço a-char nor-mal quan-do um bo-çal A-ti-re bom-bas na em-bai--xa - da yeh yeh o - u - o - o Se tu-do pas - sa, tal-vez vo-cê pas - se por a - qui E me fa - ça

Copyright © 1986 by WARNER CHAPPELL EDIÇÕES MUSICAIS LTDA.
Todos os direitos autorais reservados para todos os países. *All rights reserved.*

es - que - cer tu-do que eu fiz Se tu-do pas - sa, tal-vez vo-cê pas- -se por a - qui E me fa - ça es - que - cer

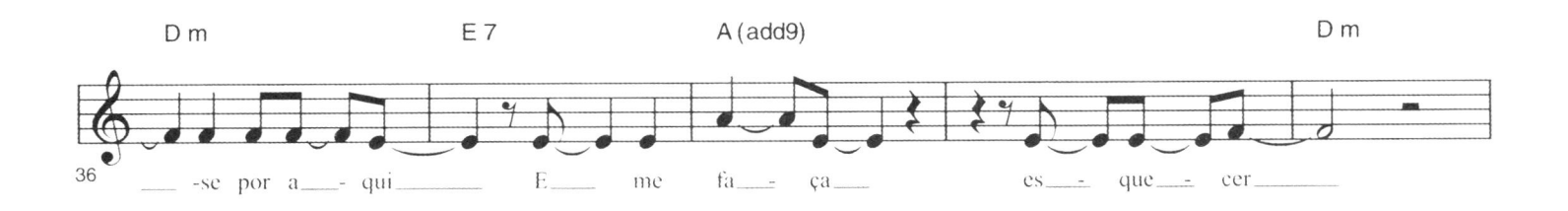

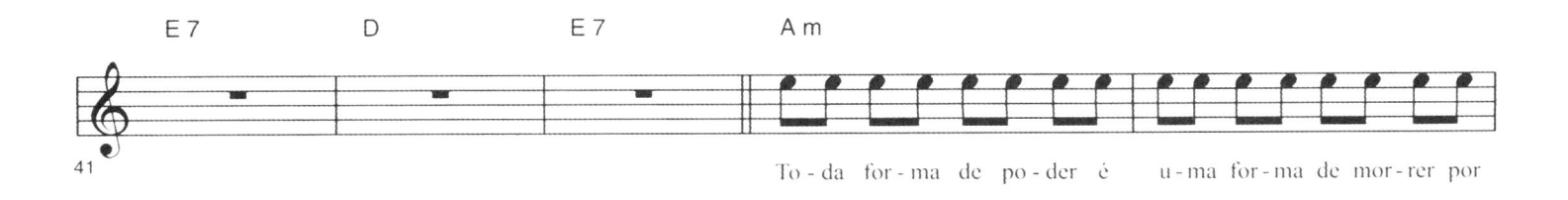

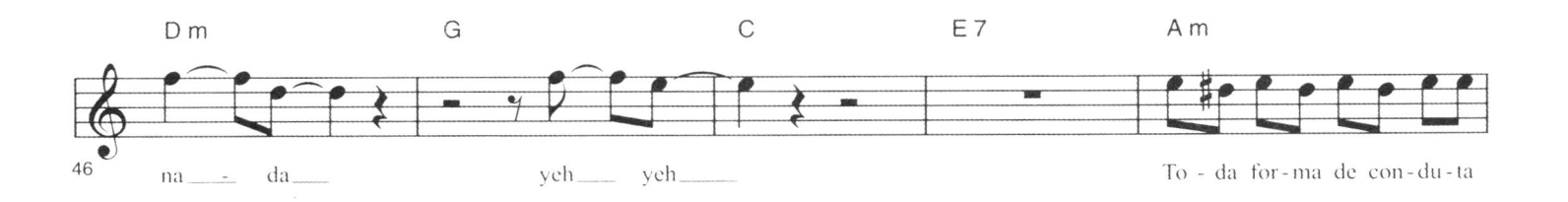

To-da for-ma de po-der é u-ma for-ma de mor-rer por na - da yeh yeh To-da for-ma de con-du-ta Se trans-for-ma nu-ma lu-ta ar-ma - da uôu ô

A his-tó-ria se re-pe-te mas a for-ça dei-xa a his-tó-ria mal con-ta-da ta - da Ta-da ta-da ta - da Ta-da ta-da ta - da ta-da ta-da ta - da ta-da Ôu

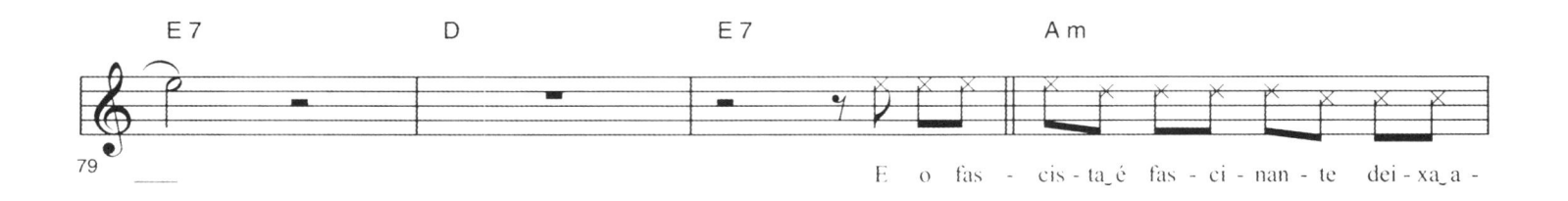

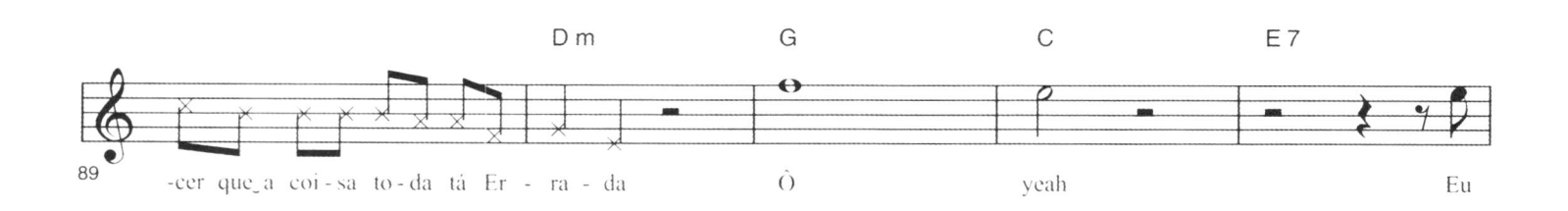

| E7 | A(add9) | | Dm | E7 |

Se tu-do pas — sa, tal-vez vo-cê pas — se por a- qui E me

| A(add9) | | Dm | E7 | A(add9) |

fa — ça es — que — cer tu-do que_eu fiz Se tu-do pas — sa,

| Dm | E7 | A(add9) | Dm |

tal-vez vo-cê pas - se por a — qui E me fa - ça es — que — cer

| E7 | D | E7 | Am |

E o fas-cis-ta_é fas-ci-nan-te dei-xa_a-

| Dm | G | C | E7 | Am |

-gen-te_i-g-no-ran-te Fas-ci - na-da Ó Ó E é tão fá-cil ir a-dian-te_e se_es-que-

| Dm | G | C | E7 |

-cer que_a coi-sa to-da tá Er - ra-da Ó yeah Eu

| Am | | | Dm |

pres-to a-ten-ção no que_e-les di-zem Mas e-les não di-zem na-da na — da Na-da

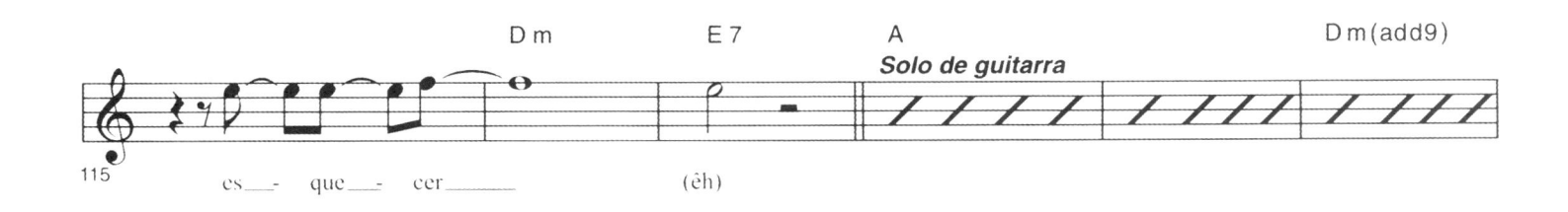

| G | C | F | B♭ |

na - da na - da na - da   na - da na - da na - da   na - da na - da Na - da na - da não

| E7 | A(add9) | | Dm | E7 |

Se tu - do pas - sa,   tal - vez vo - cê pas - se por a - qui   E me

| A(add9) | | Dm | E7 | A(add9) |

fa - ça   es - que - cer   tu - do que eu fiz   Se tu - do pas - sa,

| | Dm | E7 | A(add9) |

tal - vez vo - cê pas - se por a - qui   E me fa - ça

| Dm | E7 | A *Solo de guitarra* | Dm(add9) |

es - que - cer   (êh)

| E7 | A | | Dm(add9) |

| E7 | A | | Dm(add9) |

51

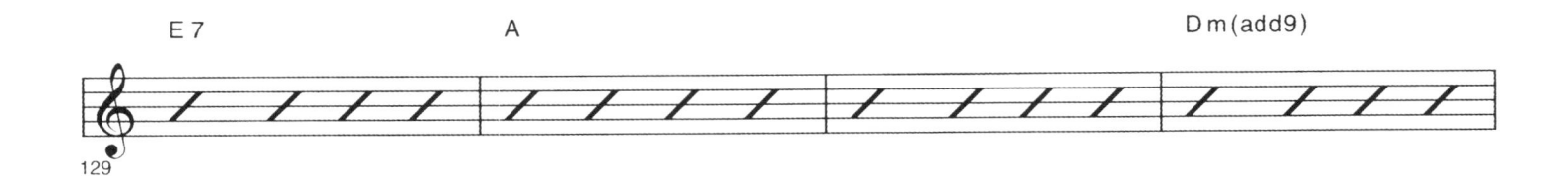

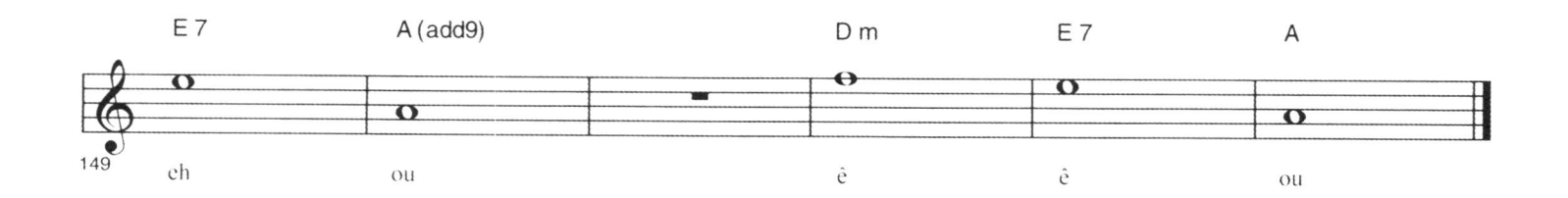

| E7 | A | | Dm(add9) |

| E7 **Voz** | A(add9) | | Dm |

Se tu - do pas___sa,___ tal - vez vo - cê___ pas___- se por a___- qui

| E7 | A(add9) | | Dm |

___ E___ me___ fa___- ça___ es___- que___- cer___ tu - do que_eu___ fiz

| E7 | A(add9) | | Dm |

___ Se tu - do pas___- sa,___ tal - vez vo - cê pas - se por a___- qui___

| E7 | A(add9) | | Dm |

___ E___ me___ fa___- ça___ es___- que___- cer___

| E7 | A(add9) | Dm | E7 | A |

ch ou è è ou

Falar a verdade

RAS BERNARDO, BINO,
DA GAMA e LAZÃO

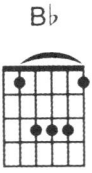

Introdução (6Xs): **F Bb**

Vamos falar a verdade pra vocês!

REFRÃO:
F   **Bb**
Ei, ei, estamos aí   (pro que der e vier)
F   **Bb**
Ei, ei, estamos aí   (pro que der e vier)

F
A fim de saber a verdadeira verdade
Bb
Estamos a fim de saber, a fim de saber
F
A fim de saber a verdadeira verdade
Bb
Estamos a fim de saber, a fim de saber
F
Você que luta para se manter
Bb
Você que pede pra sobreviver
F
Você que olha com toda curiosidade
Bb
A fim de saber a verdadeira verdade
F
A fim de saber a verdadeira verdade
Bb
Estamos a fim de saber, a fim de saber
F
A fim de saber a verdadeira verdade
Bb
Estamos a fim de saber, a fim de saber

Refrão

F
Você que foge como um ladrão
Bb
Tentando se esquivar da perseguição
F
Você que foge como um ladrão
Bb
Tentando se esquivar da perseguição
F
Você que anda pelo meio da rua
Bb
Você que lê livros de mulher nua
F
Você que vê coisa invisível
Bb
Você que crê no Todo Poderoso
F
Você que nasce (hou) você que cresce (hou)
Bb
Você que luta para se manter
F
Você que pede pra sobreviver
Bb
Você que olha com toda curiosidade
F
A fim de saber a verdadeira verdade
Bb
Estamos a fim de saber, a fim de saber
F
A fim de saber a verdadeira verdade
Bb
Estamos a fim de saber, a fim de saber

Refrão

Você que foge como um ladrão (etc.)

Refrão (2Xs)

Falar a verdade

RAS BERNARDO, BINO,
DA GAMA e LAZÃO

♩ = 88

Instrumental

Metais

Vamos falar verdade pra vocês!

Voz

Ei! Ei! Esta-mos a-í (pro que der e vi-er)___ Ei! Ei! Esta-mos a-í

(pro que der e vi-er)___ A fim de sa-ber a ver-da-dei-ra ver-da___-de Es-ta-mos a

fim de sa-ber, a fim de sa-ber A fim de sa-ber a ver-da-dei-ra ver-da___-de Es-ta-mos a

fim de sa-ber, a fim de sa-ber Vo-cê que lu-ta pa-ra se___ man-ter Vo-

Copyright © 1990 by SONY MUSIC EDIÇÕES MUSICAIS LTDA.
Todos os direitos autorais reservados para todos os países. *All rights reserved.*

-cê que pe-de pra so-bre-vi-ver___ Vo - cê que o-lha com to-da cu-ri-o-si-da-de A

fim de sa-ber a ver-da-dei-ra ver-da___ de A fim de sa-ber a ver-da-dei-ra ver-da___ de_Es-ta-mos_a

fim de sa-ber, a fim-de sa-ber A fim de sa-ber a ver-da-dei-ra ver-da___ de_Es-ta-mos_a

fim de sa-ber, a fim de sa-ber Ei! Ei! Esta-mos a-í (pro que der e vi-er)___ Ei! Ei! Esta-mos a-í

(pro que der e vi-er)___ Vo - cê que fo-ge co-mo_um la-drão___ Ten - tan-do se_es-qui-var da per-se-gui-ção Vo-

-cê que fo-ge co-mo_um la-drão_____ Ten - tan-do se_es-qui-var da per-se-gui-ção Vo-

-cê que an-da pe-lo mei-o___ da ru-a Vo - cê que lê li___-vros de mu___-lher nu-a Vo-

-cê que vê coi___-sa in___-vi-sí-vel Vo - cê que crê no___ To - do Po-de-ro-so Vo-

-cê que nas-ce (hou!) Vo-cê que cres-ce (hou!) Vo-cê que lu-ta pa-ra se_ man-ter Vo-

-cê que pe-de pra so-bre-vi__-ver Vo-cê que o-lha com to-da cu-ri-o-si-da-de A

fim de sa-ber a ver-da-dei-ra ver-da__-de Es-ta-mos a fim de sa-ber, a fim de sa-ber A

fim de sa-ber a ver-da-dei-ra ver-da__-de_es-ta-mos a fim de sa-ber a fim de sa-ber

Ei! Ei! Es-ta-mos a-í (pro que der e vi-er)____ Ei! Ei! Es-ta-mos a-í (pro que der e vi-er)____

Metais

Vamos dançar

ED MOTTA e
RAFAEL CARDOSO

A7   G7    B7(9)

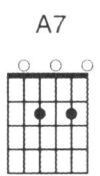

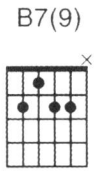

Introdução: **A7**

A7
Eu não nasci pra trabalho

Eu não nasci pra sofrer

Eu percebi que a vida

É muito mais que vencer

G7
Já dirigi automóveis

Já consumi capital

Já decidi que o dinheiro
                          A7
Não vai pagar, não vai pagar a minha paz

A7
Vamos dançar lá na rua

Vamos dançar pra valer

Vamos dançar enquanto é tempo

Nos aplicar a viver

G7
Já dirigi automóveis

Já consumi capital

Já decidi que o dinheiro
                          A7
Não vai pagar, não vai pagar

Instrumental: **B7(9)**   **G7**

Eu não nasci pra trabalho *(etc.)*
... Não vai pagar não vai pagar

♩ = 124

Teclado e bateria ... *Banda*

(2ª vez com improvisos de voz)

Voz
Eu não nas-ci pra tra-ba___lho   Eu não nas-ci pra so-frer   Eu per-ce-bi que a vi___da

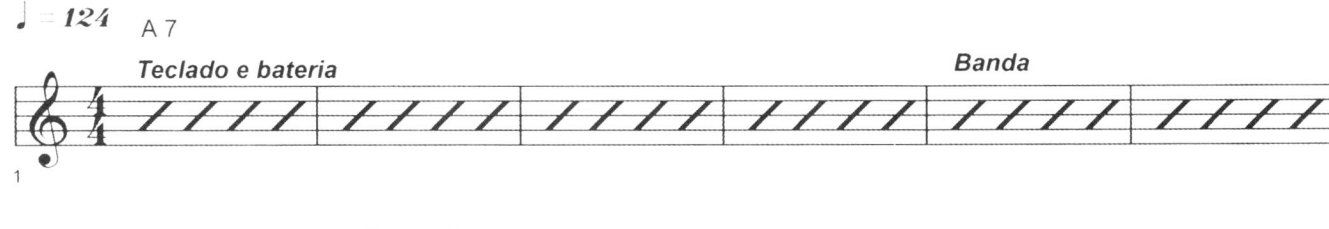

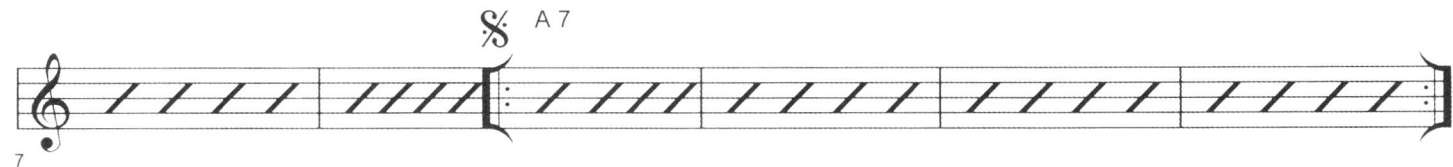

Copyright © 1988 by WARNER CHAPPELL EDIÇÕES MUSICAIS LTDA.
Todos os direitos autorais reservados para todos os países. *All rights reserved.*

| A7 | G7 |

19 É mui-to mais que ven-cer   Oh! Yeah!   Já di-ri-gi___ au-to-mó-veis___   Já con-su-mi___

24 ca-pi-tal___   Já de-ci-di___ que o di-nhei-ro   Não vai pa-gar,___

| A7 | ./. ./. ./. |

28 não vai pa-gar___ a mi-nha paz___   Va-mos dan-çar lá na ru___ - a___

./.

35 Va-mos dan-çar pra va-ler   Va-mos dan-çar en-quanto é tem___ - po   Nos a-pli-car a vi-ver___

| G7 |

40   Já di-ri-gi___ au-to-mó veis___   Já con-su-mi___   ca-pi-tal___

| A7 ./. |

45 Já de-ci-di___ que o di-nhei-ro   Não vai pa-gar,___   não vai pa-gar___

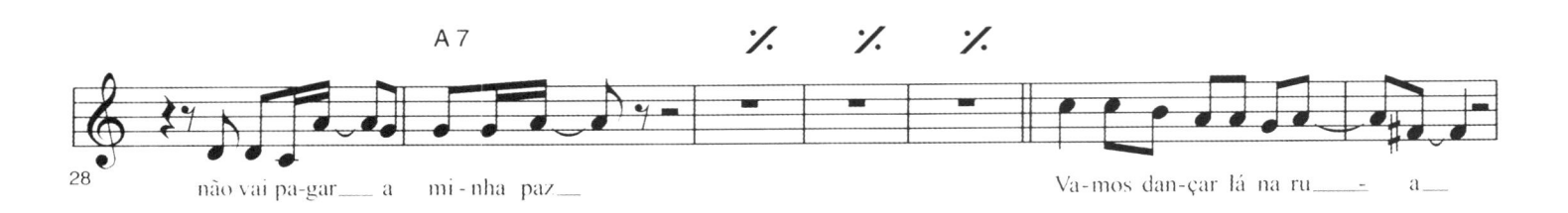

| B7(9) | G7 |

51 **Levada de funk**   Ao %

e

| A7 | N.C. *Convenção* |

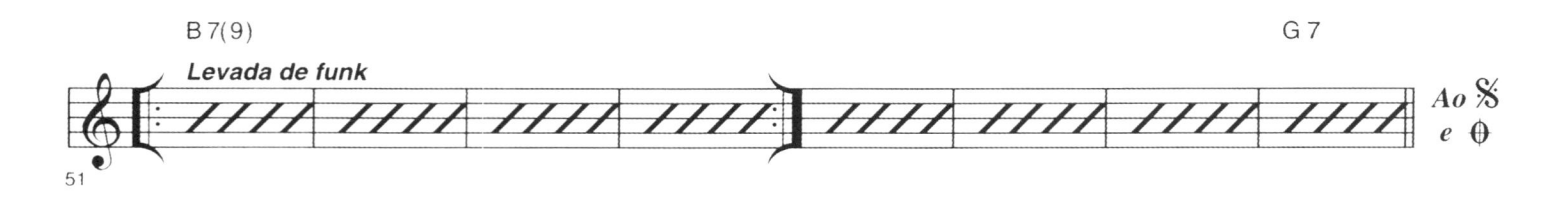

59

A vida tem dessas coisas

RITCHIE e
BERNARDO VILHENA

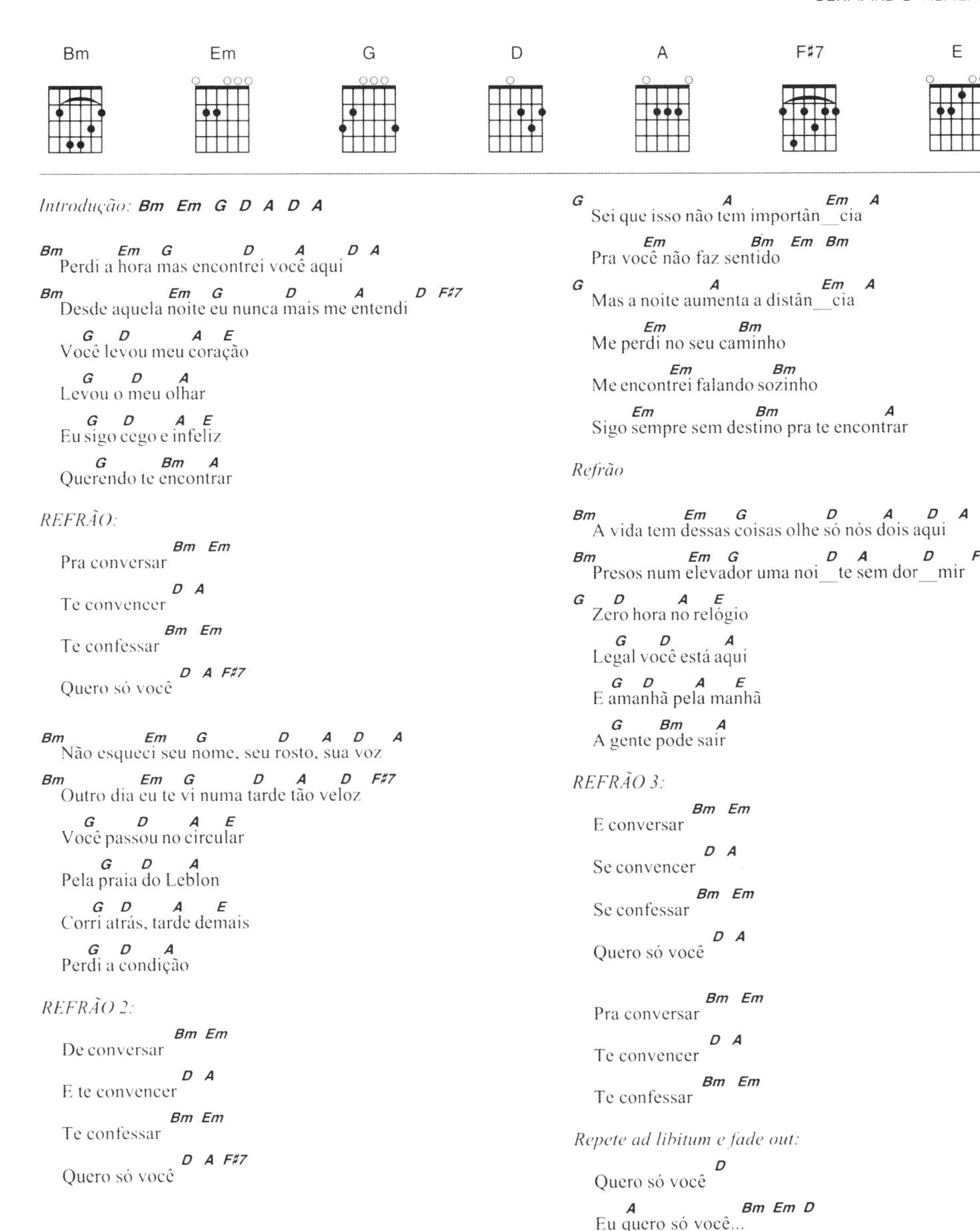

Bm   Em   G   D   A   F#7   E

Introdução: **Bm Em G D A D A**

Bm   Em G   D A   D A
Perdi a hora mas encontrei você aqui
Bm   Em G   D A   D F#7
Desde aquela noite eu nunca mais me entendi
    G D   A E
Você levou meu coração
    G D A
Levou o meu olhar
    G D A E
Eu sigo cego e infeliz
    G Bm A
Querendo te encontrar

REFRÃO:
    Bm Em
Pra conversar
    D A
Te convencer
    Bm Em
Te confessar
    D A F#7
Quero só você

Bm   Em G   D A D A
Não esqueci seu nome, seu rosto, sua voz
Bm   Em G   D A D F#7
Outro dia eu te vi numa tarde tão veloz
    G D A E
Você passou no circular
    G D A
Pela praia do Leblon
    G D A E
Corri atrás, tarde demais
    G D A
Perdi a condição

REFRÃO 2:
    Bm Em
De conversar
    D A
E te convencer
    Bm Em
Te confessar
    D A F#7
Quero só você

  G   A   Em A
Sei que isso não tem importân__cia
    Em   Bm Em Bm
Pra você não faz sentido
  G   A   Em A
Mas a noite aumenta a distân__cia
    Em   Bm
Me perdi no seu caminho
    Em   Bm
Me encontrei falando sozinho
    Em   Bm   A
Sigo sempre sem destino pra te encontrar

Refrão

Bm   Em G   D A D A
A vida tem dessas coisas olhe só nós dois aqui
Bm   Em G   D A D F#7
Presos num elevador uma noi__te sem dor__mir
  G D A E
Zero hora no relógio
    G D A
Legal você está aqui
    G D A E
E amanhã pela manhã
    G Bm A
A gente pode sair

REFRÃO 3:
    Bm Em
E conversar
    D A
Se convencer
    Bm Em
Se confessar
    D A
Quero só você

    Bm Em
Pra conversar
    D A
Te convencer
    Bm Em
Te confessar

Repete ad libitum e fade out:
    D
Quero só você
  A   Bm Em D
Eu quero só você...

A vida tem dessas coisas

RITCHIE e
BERNARDO VILHENA

♩ = 88

Perdi a hora mas encontrei você aqui
Não esqueci seu nome seu rosto sua voz

Desde aquela noite eu nunca mais me entendi
Outro dia eu te vi numa tarde tão veloz

Você levou meu coração Levou o meu olhar Eu
Você passou no circular Pela praia do Leblon Cor-

sigo cego e infeliz Querendo te encontrar Pra conversar
ria atrás tarde demais Perdi a condição De conversar

Te convencer Te confessar
Te convencer Te confessar

Quero só você
Quero só você

Copyright © 1986 by BLACK FLOWER/POP SONGS/SONY MUSIC EDIÇÕES MUSICAIS LTDA.
Todos os direitos autorais reservados para todos os países. *All rights reserved.*

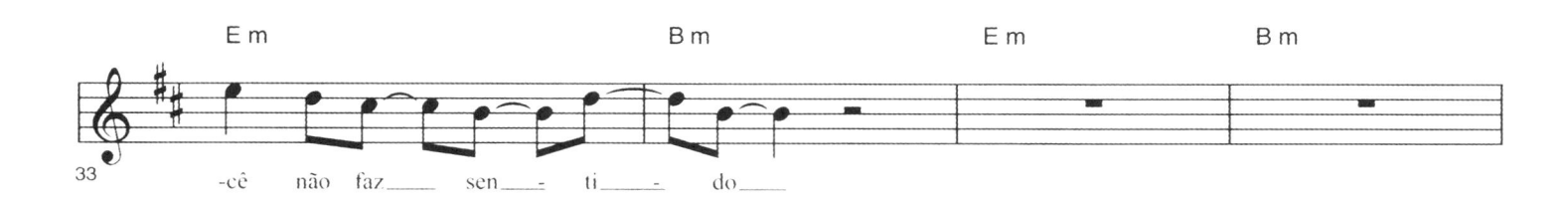

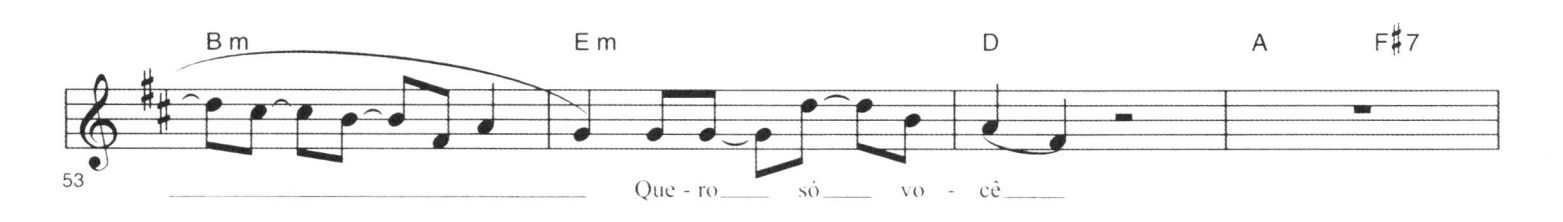

Sei que isso não tem importância Pra você não faz sentido

Mas a noite aumenta a distância Me perdi no seu caminho Me encontrei falando sozinho Sigo sempre sem destino pra te encontrar Pra conversar

Te convencer Te confessar

Quero só você

A vida tem dessas coisas olhe só nós dois aqui

Pre- sos num e- le- va- dor u-ma noi- te sem dor- mir

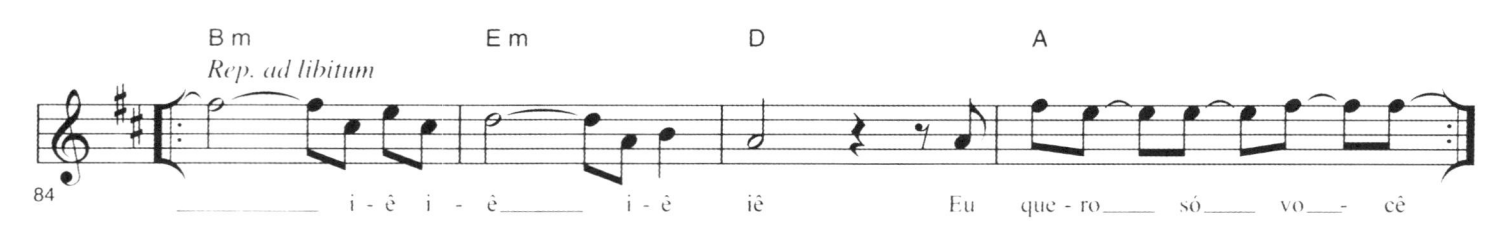

Ze- ro ho-ra no re- ló- gio le-gal vo-cê es- tá a- qui E

a-ma- nhã pe- la ma- nhã A gen-te po- de sa- ir E con-ver- sar

Se con-ven- cer   Se con-fes- sar
Te con-ven- cer   Te con-fes- sar

.1 Que-ro só vo- cê   Pra con-ver- sar

.2 Que-ro só vo- cê   Eu que-ro só vo- cê

Rep. ad libitum
i-ê i-ê i-ê iê   Eu que-ro só vo- cê

Fade out

Rádio Pirata

PAULO RICARDO e
LUIZ SCHIAVON

B E F#

Introdução (só guitarra): **B E**
Guitarra e teclado: **B E**
Banda: **B E B E**

B   E
Abordar navios mercan___tes
B   E
Invadir, pilhar, tomar o que é nos___so
 F#   E
Pirataria nas ondas do rádio
 F#   E **B E B E**
Havia alguma coisa errada com o rei

B   E
Preparar a nossa invasão
B   E
E fazer justiça com as próprias mãos
 F#   E
Dinamitar um paiol de bobagens
 F#   E
E navegar o mar da tranquilidade

REFRÃO:

B   E
Toquem o meu coração
B   E
Façam a revolução

 F#   E
Que está no ar, nas ondas do rádio
 F#   E
No submundo repousa o repúdio
      B E B E
E deve despertar

B   E
Disputar em cada frequência
B   E
Um espaço nosso nessa decadência
 F#   E
Canções de guerra, quem sabe canções do mar
 F#   E
Canções de amor ao que vai vingar

Refrão

Que está no ar, as ondas do rádio *(etc.)*
...E deve despertar

Vocal: **B E B E B E B E**

Guitarra: **B E**

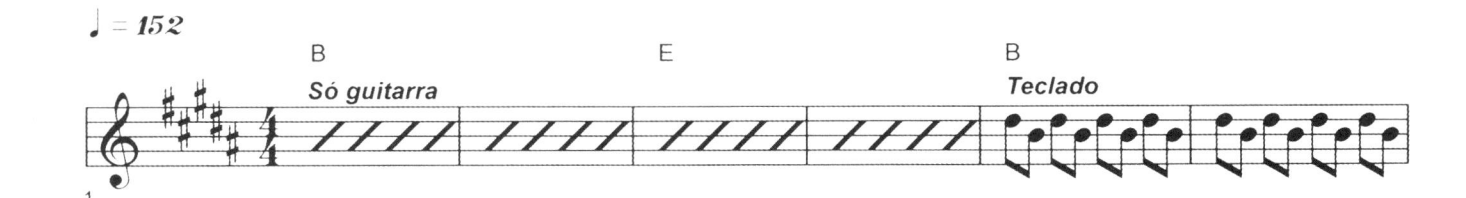

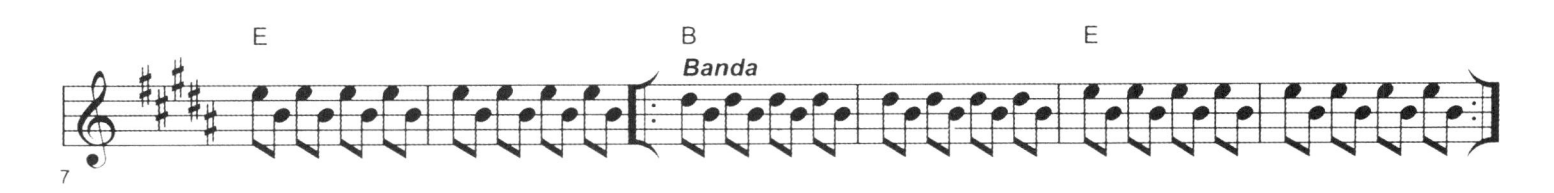

♩ = 152

13
B Voz E B
A - bor - dar na-vi-os mer-can - tes In-va - dir, pi-lhar,
18
E F♯
to-mar o que é nos - so Pi - ra-ta - ri - a nas on-das do
23
E F♯ E
rá-dio Ha - vi-a al - gu - ma coi - sa er - ra - da com o rei
29
B Teclado E
33
B Voz E
Pre - pa - rar a nos-sa in-va - são
Dis - pu - tar em ca - da fre - quên-cia
37
B E
E fa - zer jus - ti - ça com as pró-prias mãos Di -
Um es - pa - ço nos - so nes-sa de - ca - dên - cia Can -
41
F♯ E
-na - mi - tar um - pai - ol de bo - ba - gens E
-ções de guer - ra, quem sa - be can-ções do mar Can -
45
F♯ E
na - ve - gar o mar da tran-qui-li - da-de
-ções de a - mor ao que vai vin - gar

To_ quem ___ O meu__ co_-ra_ção Fa_-çam ___ a re_-vo_-lu-ção Que_es-tá no ar, nas on-das do rá-dio No sub__-mun__-do__ re-pou-sa_o re-pú-dio E de-ve des-per-tar

Ao 𝄋 e 𝄌

-ção Que_es-tá no ar, nas on-das do rá-dio No un-der__-ground__ re-pou-sa_o re-pú-dio E de-ve des-per-tar o Oh! Oh! ___ Oh! Oh! ___ Eh! ___ Oh! ___ Oh! Oh! Oh!

Oh! ___ Oh!

Só guitarra

Eu me amo

ROGER

Cm   **D**   **Fm**   **Eb**

Introdução: **Cm D Fm   Cm D Fm**

Cm
    Eu! Eu! Eu! Eu!
Cm
    Há tanto tempo eu vinha me procurando
        Fm
    Tanto tempo faz já nem lembro mais
Cm
    Sempre correndo atrás de mim feito um louco
        Fm
    Tentando sair desse meu sufoco
Cm
    Eu era tudo que eu podia querer
Fm
    Era tão simples eu custei pra aprender
Cm
    Daqui pra frente nova vida eu terei
D   **Eb**   **D**
    Sempre a meu lado bem feliz eu se_rei

REFRÃO:

    Cm
       Eu me amo eu me amo
BIS   **D**   **Fm**   **Cm**   **D Fm**
       Não posso mais viver   sem mim

    Cm
    Como foi bom eu ter aparecido
       Fm
    Nessa minha vida já um tanto sofrida
    Cm
    Já não sabia mais o que fazer

Fm
    Pra eu gostar de mim, me aceitar assim
Cm
    Eu que queria tanto ter alguém
Fm
    Agora eu sei, sem mim eu não sou ninguém
Cm
    Longe de mim nada mais faz sentido
D   **Eb**   **D**
    Pra toda vida eu quero estar comi_go

Refrão

Instrumental: **Cm D Fm   Cm D Fm**

Cm
    Eu! Eu! Eu! Eu!
Cm
    Foi tão difícil pra eu me encontrar
       Fm
    É muito fácil um grande amor acabar mas
Cm
    Eu vou lutar por esse amor até o fim
       Fm
    Não vou mais deixar eu fugir de mim
Cm
    Agora eu tenho uma razão pra viver
Fm
    Agora eu posso até gostar de você
Cm
    Completamente eu vou poder me entregar
D   **Eb**   **D**
    É bem melhor você sabendo se amar

Refrão ad libitum e fade out

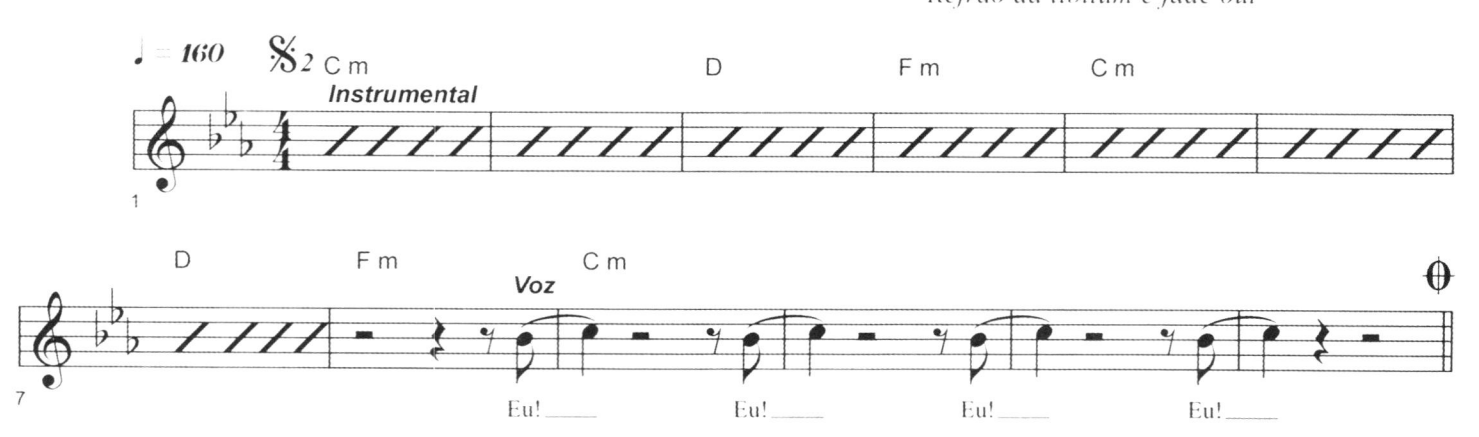

♩ = 160

Copyright © 1984 by WARNER CHAPPELL EDIÇÕES MUSICAIS LTDA.
Todos os direitos autorais reservados para todos os países. *All rights reserved.*

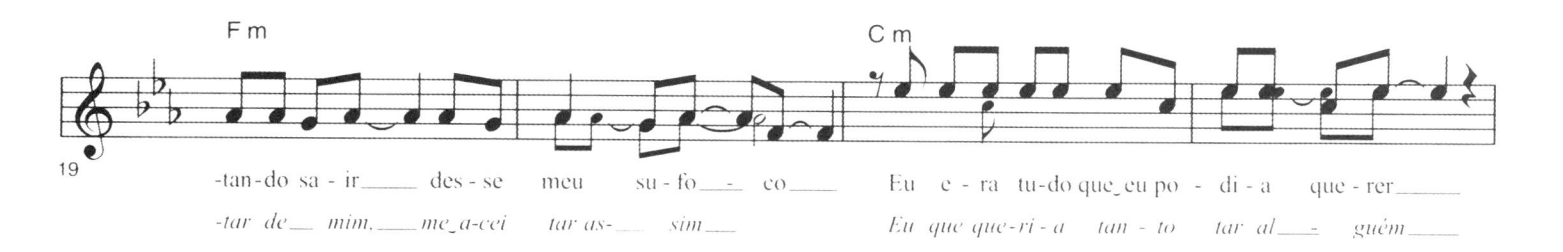

Cm | **Fm**
Há tan-to tem-po eu vi-nha me pro-cu-ran — do Tan-to tem-po faz já nem
Co-mo foi bom eu ter a-pa-re-ci — do Nes-sa mi-nha vi — da já um

Cm
lem - bro mais___ Sem - pre cor - ren - do a - trás de mim fei - to um lou - co___ Ten -
tan - to so - fri — da Já não sa - bi - a mais o que fa — zer Pra eu gos -

Fm | **Cm**
-tan-do sa-ir___ des-se meu su-fo___co Eu e-ra tu-do que eu po-di-a que-rer___
-tar de mim, me a-cei tar as-sim Eu que que-ri-a tan-to tar al — guém

Fm | **Cm**
E - ra tão sim - ples eu cus - tei pra a - pren - der_____ Da - qui pra fren - te no - va
A - go - ra eu sei, sem mim eu não sou nin - guém_____ Lon - ge de mim___ na - da

| **D** | **E♭** **D**
vi - da eu te - rei___ Sem - pre ao meu la - do bem fe - liz eu se - rei___
mais faz sen - ti___ do Pra to - da vi - da eu que-ro es - tar___ co - mi___ go

Cm | **D**
Eu me a - mo___ eu me a - mo___ Não pos - so

Fm **Cm** | **D** **Fm** *Ao %*
mais vi - ver___ sem mim Oh! Oh! Oh! Oh! *Ao %2 e ⊕*

67

37. [Cm] Foi tão difícil pra eu me encontrar____ [Fm] É muito fácil um grande amor acabar____ mas

41. [Cm] Eu vou lutar por este amor até o fim____ [Fm] Não vou mais deixar____ eu fugir de mim____

45. [Cm] Agora eu tenho uma razão pra viver____ [Fm] Agora eu posso até gostar de você____

49. [Cm] Completamente eu vou poder me entregar____ [D] É bem melhor você sa- [Eb] bendo se a- [D] mar____

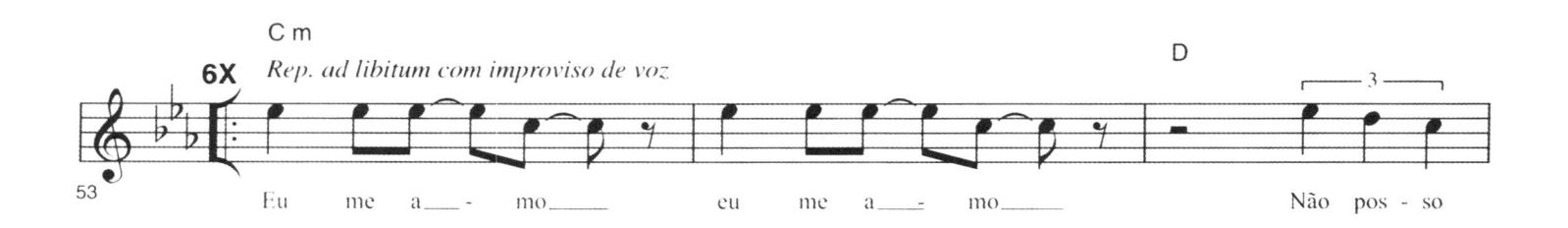

53. **6X** *Rep. ad libitum com improviso de voz*
[Cm] Eu me a__- mo____ eu me a__- mo____ [D] Não posso

56. [Fm] mais viver____ [Cm] sem____ mim____ Oh! Oh! [D] Oh! [Fm] Oh!

Fade out

Exagerado

CAZUZA,
EZEQUIEL NEVES e
LEONI

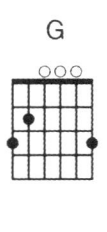

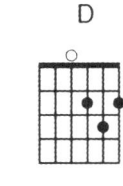

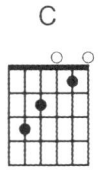

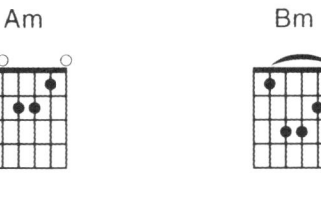

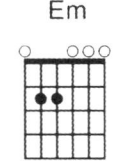

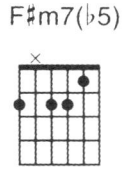

Chord diagrams: G, D, C, Am, Bm, Em, B, F, F#m7(b5), B7(#5 #9)

Introdução (8Xs): **G D C**

G   **D**   **C**
Amor da minha vida
G   **D**   **C**
Daqui até a eternidade
Em   **D**
Nossos destinos foram traçados
  C   **Am Bm D**
Na maternidade

G   **D**   **C**
Paixão cruel, desenfreada
G   **D**   **C**
Te trago mil rosas roubadas
Em   **D**
Pra desculpar minhas mentiras
B
Minhas mancadas

REFRÃO:
  C
Exagerado
 D
Jogado aos teus pés
  G **D** **C**
Eu sou mesmo exagerado
  Em   **D** **C Am Bm D**
Adoro um amor inventado

G   **D** **C**
Eu nunca mais vou respirar
G   **D** **C**
Se você não me notar
Em   **D**
Eu posso até morrer de fome
  C
Se você não me amar
Em   **Bm**
Por você eu largo tudo
F   **F#m7(b5)**
Vou mendigar, roubar, matar
Em   **Bm**
Até nas coisas mais banais
F   **F#m7(b5)**   **B7(#5 #9)**
Pra mim é tudo ou nunca mais

Refrão

Instrumental (4Xs): **G D C**

Solo de guitarra: **G D C G D C**
                    Em D C

Em   **Bm**
E por você eu largo tudo
  F   **F#m7(b5)**
Carreira, dinheiro, canudo
Em   **Bm**
Até nas coisas mais banais
F   **F#m7(b5)**   **B7(#5 #9)**
Pra mim é tudo ou nunca mais

Refrão improvisando (fade out)

Exagerado

CAZUZA, EZEQUIEL NEVES e LEONI

♩ = 136

Instrumental

Entra guitarra c/ distorção

Voz

A - mor___ da mi - nha vi_ - da___ Da - qui a - té a e - ter - ni - da_ - de___ nos - sos des - ti - nos___ fo - ram tra - ça__ - dos__ Na ma - ter - ni - da__ - de___ Pai - xão cru - el,___ de - sen - fre - a__ - da___ Te tra - go mil ro - sas rou - ba_ - das___ Pra des - cul - par mi - nhas men - ti - ras___ Mi - nhas___ man - ca_ - das___ E - xa - ge - ra - do___ Jo - ga - do aos teus pés___ Eu sou mes - mo e - xa - ge - ra_ - do___ A -

Copyright © by SISTEMA GLOBO DE EDIÇÕES MUSICAIS LTDA.
Copyright © by WARNER CHAPPELL EDIÇÕES MUSICAIS LTDA.
Todos os direitos autorais reservados para todos os países. *All rights reserved.*

-do-ro um a-mor_____ in - ven - ta - do_____
Eu nun - ca mais_____ vou res - pi - rar_____ Se vo - cê não me no - tar_____
Eu pos - so a - té mor - rer de fo - me_____ Se vo - cê não me a - mar_____
Por vo - cê eu lar - go tu - do Vou men - di - gar, rou - bar,_____ ma - tar
A - té nas coi - sas mais ba - nais_____ Pra mim é tu - do ou_____ nun - ca mais_____ E - xa - ge-

Instrumental

Solo de guitarra

E por você eu largo tu - do__ Car - rei - ra, di - nhei - ro, ca - nu__ - do__

A - té nas coi - sas__ mais__ ba - nais Pra mim é tu - do_ou nun - ca

mais E - xa - ge - ra - do__ Jo - ga-do_aos teus pés__ Eu__ sou mes - mo_e - xa - ge - ra__

__ -do__ A - do - ro_um a - mor__ in - ven - ta - do__

Jo__ - ga__ - do_aos teus pés Com mil_ro - sas rou - ba - das__ E - xa - ge - ra__

__ -do__ Eu__ a - do - ro_um__ a - mor in - ven - ta - do__ Ah!

Rep. ad libitum

Improviso de voz e guitarra

Fade out

Pros que estão em casa

FLÁVIO MURRAH e
RÔMULO PORTELA

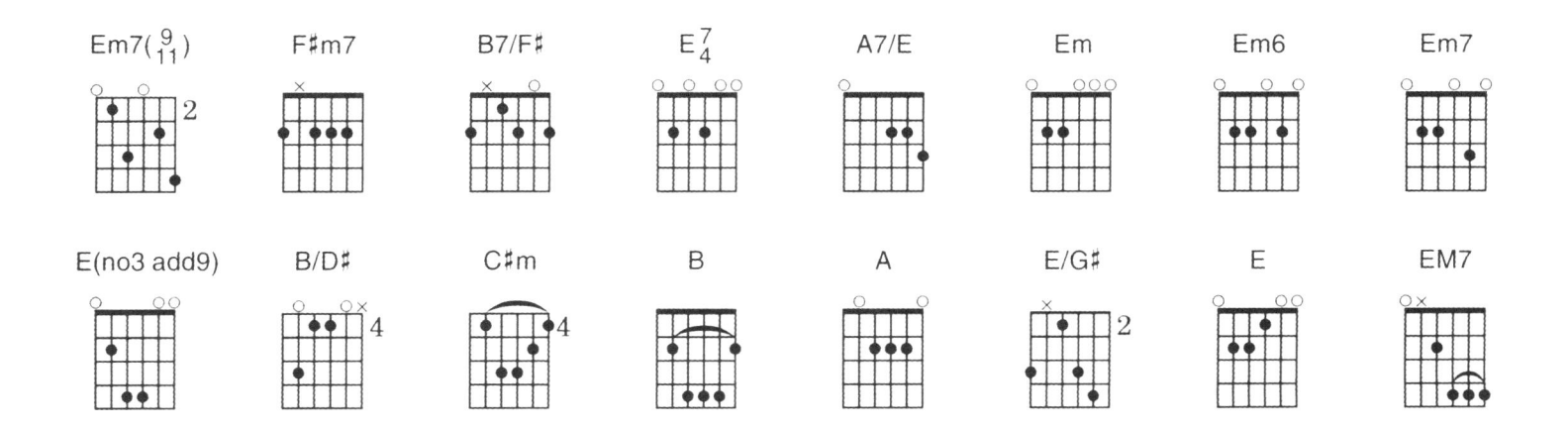

Introdução: **Em7(9 11) F#m7 B7/F# E7 4 A7/E
Em Em6 Em7 Em6   Em Em6 Em7 Em6**

E(no3 add9)   B/D#
   Até bem   cedo
C#m   B
   Esperei pelo telefonema
A   E/G#
   Tapando com   peneira
A   E/G#
   O sol que vai   nascendo

E(no3 add9)   B/D#
   Não vou tomar café
C#m   B
   Nem escovar os dentes
A   E/G#
   Vou de aguardente
A   E/G#
   Como sol que quei__ma a praça

E(no3 add9)   B/D#
   Bom dia, boa tarde
C#m   B
   Good night quero dar   um tapa
A   E/G#
   De topete e cara
A   E/G#
   Vi Nova York internada

E(no3 add9)   B/D#
   Meu amor não deu em nada
C#m   B
   Minhas sombrancelhas eriçadas
A   E/G#
   E a essa altura do fato
A   E/G#
   Nem fumaça tem ca__no de descarga

Quatro vezes:

EM7   B(add9)
   Oôôôôôôôôôôô...

Repete e fade out: **E EM7**

Pros que estão em casa

FLÁVIO MURRAH e
RÔMULO PORTELA

♩ = 136

Em7(9/11) — Guitarra dedilhada
Em7(9/11) — Banda

F#m7 B7/F# E7/4 A7/E Em Em6 Em7 Em6 Em6

Voz
E(no3 add 9) B/D# C#m B
A - té bem____ ce - do____ Es - pe - rei____ pe - lo te - le - fo - ne__-__ma____

A E/G# A E/G#
Ta__-__pan__-__do__ com__ pe__-__nei__-__ra____ O__ sol__ que__ vai__ nas__-__cen__-__do____

E(no3 add 9) B/D# C#m B
Não vou to - mar ca - fé____ Nem es - co - var os den___-___tes____
-fé

A E/G# A E/G#
Vou__ de a - guar - den - te Co - mo_o sol__ que__ quei__-__ma_a____ pra__-__ça

E(no3 add 9) B/D# C#m B
Bom di - a, bo - a tar__-__de____ Good__-__night____ que - ro dar____ um__ ta__-__pa

Copyright © by MERCURY PRODUÇÕES E EDIÇÕES MUSICAIS LTDA.
Todos os direitos autorais reservados para todos os países. *All rights reserved.*

De to-pe-te e ca-ra   Vi No-va Yor-k in-ter-na-da

E meu a-mor não deu em na-da   Minhas som-bran-ce-lhas e-ri-ça-das
não   não deu em na-da

E a es-sa al-tu-ra do fa-to   Nem fu-ma-ça tem ca-no de des-car-ga

Oh! Oh! Oh! Oh! Oh! Oh! Oh! O-o-o-oh!

Oh! Oh! Oh! Oh! Oh! Oh! Oh! O-o-o-oh!

O-o-o-o-o-o-o-o-o-o-o-oh! Oh! Oh! Oh! O-o-o-oh!

O-o-o-o-o-o-o-o-o-o-o-oh! Oh! Oh! Oh! O-o-o-oh!

Rep. ad libitum

Fade out

Vento ventania

ÁLVARO, BRUNO, SHEIK,
MIGUEL, COELHO e BENI

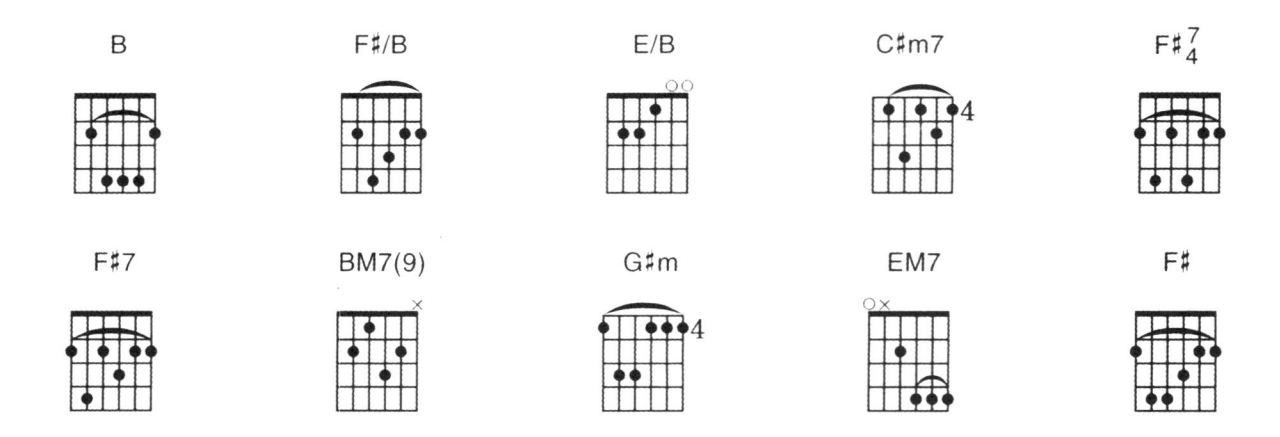

Introdução (3Xs):   **B F#/B E/B B**

B   **F#/B**   **E/B**
Vento ventania me leve para as bordas do céu
B   **F#/B E/B**
Pois vou puxar as barbas de Deus
B   **F#/B**   **E/B**
Vento ventania me leve pra onde nasce a chuva
B   **F#/B**   **E/B B**
Pra lá de onde o vento faz a curva
    C#m7
Me deixe cavalgar nos meus desatinos
F#7 4   **F#7**   **BM7(9)**
Nas revoadas, redemoinhos
  G#m   **C#m7**   **EM7**
Vento ventani___a   me leve sem destino
B   **F#/B**
Quero juntar-me a você
E/B   **F#**
E carregar os balões pro mar
  B   **F#/B**
Quero enrolar as pi_pas nos fios
E/B   **F#**   **B**
Mandar meus beijos pelo ar
          F#/B
Vento ventani___a
  E/B   **F#**
Me leve pra qualquer lugar
  B   **F#/B**
Me leve para qualquer canto do mundo
E/B   **F#**
Ásia, Europa, América

B   **F#/B**   **E/B**   **F#**
Êlêlêlê   Êlêlêlê   Êlêlêlêlêlê
B   **F#/B**   **E/B**   **F#**
Êlêlêlê   Êlêlêlê   Êlêlêlêlêlê

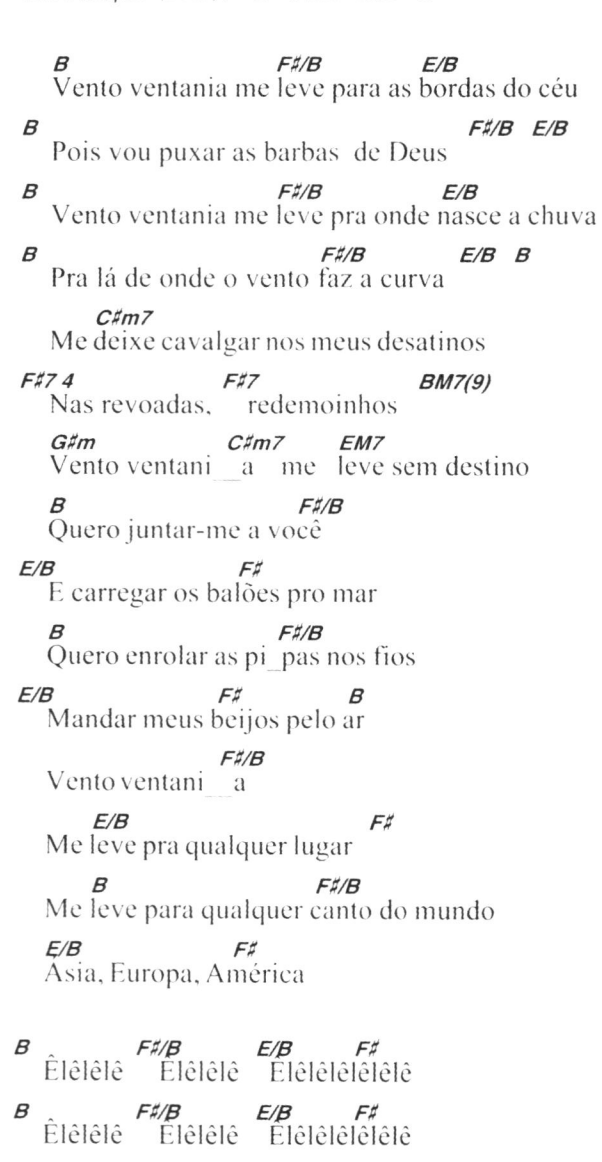

Instrumental (4Xs):   **B F#/B E/B B**

```
        B              F#/B      E/B
         Vento ventania me leve para as bordas do céu
        B                     F#/B   E/B
         Pois vou puxar as barbas de Deus
        B              F#/B        E/B              B
         Vento ventania me leve para os quatro cantos do mundo
                            F#/B  E/B  B
         Me leve pra qualquer lugar
            C#m7
         Uh! Me deixe cavalgar nos meus desatinos
 F#7 4        F#7         BM7(9)
         Nas revoadas,  redemoinhos
        G#m       C#m7   EM7
         Vento ventani__a  me  leve sem destino
        B             F#/B
         Quero mover as pás  dos moinhos
    E/B         F#
         E abrandar o calor do sol
         B               F#/B
         Quero emaranhar o cabelo da menina
    E/B        F#       B
         Mandar meus beijos pelo ar
        B        F#/B
         Vento ventani_a
           E/B                    F#
         Me leve pra qualquer lugar
           B           F#/B
         Me leve para qualquer canto do mundo
          E/B       F#
         Ásia, Europa, América
```

Solo de guitarra (4Xs): B F#/B E/B B

```
           C#m7
         Me dei__xe cavalgar nos seus desatinos
 F#7 4        F#7         BM7(9)
         Nas revoadas,  redemoinhos
        G#m       C#m7   EM7
         Vento ventani__a  me  leve sem destino
        B             F#/B
         Quero juntar-me a você
    E/B              F#
         E carregar os balões pro mar
        B              F#/B
         Quero enrolar as pi_pas nos fios
    E/B         F#
         Mandar meus beijos pelo ar
        B        F#/B
         Vento ventani_a
          E/B                  F#
         Agora que estou solto na vida
        B               F#/B
         Me leve pra qualquer lugar
           E/B          F#     B   F#/B
         Me leve mas não me faça voltar    uô ô
           E/B              F#       B   F#/B
         Me leve mas não me fa__ça voltar    iê ê
           E/B           F#
         Me leve mas não me fa__ça voltar
```

Repete ad libitum e fade out:

```
      B       F#/B     E/B      F#
         Êlêlêlê    Êlêlêlê    Êlêlêlêlêlêlê
      B       F#/B     E/B      F#
         Êlêlêlê    Êlêlêlê    Êlêlêlêlêlêlê
```

Vento ventania

ÁLVARO, BRUNO, SHEIK, MIGUEL, COELHO e BENI

♩ = 90

Bateria eletrônica / Instrumental

Chords throughout:
B F#/B E/B B
B F#/B E/B B   B F#/B E/B B
B F#/B E/B B

Vento ventania me leve pa__ ra as bordas do céu__ Pois vou puxar as barbas de Deus__ Vento ventania me leve pra onde
(2ª vez) Vento ventania me leve pa__ ra os

nasce a chuva / quatro cantos do mundo
Pra lá de onde o vento faz a curva / Me leve pra qualquer lugar__

Uh' Me deixe cavalgar nos meus desatinos
Nas revoadas, redemoinhos

BM7(9) G#m C#m7 EM7

Vento ventania__ a me leve sem destino__

Copyright © by MERCURY PRODUÇÕES E EDIÇÕES MUSICAIS LTDA.
Todos os direitos autorais reservados para todos os países. *All rights reserved.*

Quero juntar-me a você E carregar os balões pro mar
Quero mover as pás dos moinhos E abrandar o calor do sol

Quero enrolar as pipas nos fios Mandar meus beijos pelo ar
Quero emaranhar o cabelo da menina

Vento ventania Me leve pra qualquer lugar Me

leve para qualquer canto do mundo Ásia, Europa, América

Ê - lê - lê - lê   Ê - lê - lê - lê   Ê - lê - lê - lê - lê - lê

Ê - lê - lê - lê   Ê - lê - lê - lê   Ê - lê - lê - lê - lê - lê

Ao %
e 𝄌

Solo de guitarra

Voz

Me dei-

-xe cavalgar nos seus desatinos / Nas revoadas, redemoinhos / Vento ventani-

-a me leve sem destino / Quero juntar-me a você

E carregar os balões pro mar / Quero enrolar as pipas nos fios

Mandar meus beijos pelo ar / Vento ventani-a / A-

-gora que estou solto na vida / Me leve pra qualquer lugar / Me

leve mas não me faça voltar / Uô-ô / Me leve mas não me fa-ça voltar

lê è / Me leve mas não me fa-ça voltar

Ê - lê-lê-lê / Ê - lê-lê-lê / Ê - lê-lê-lê-lê-lê-lê

Fade out

Mais uma de amor

(Geme geme)

RICARDO BARRETO,
ANTONIO PEDRO e
BERNARDO VILHENA

| G | C | F | Am | Em | Dm | G4 |

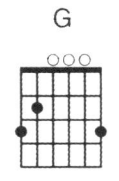

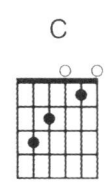

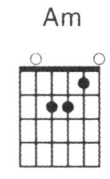

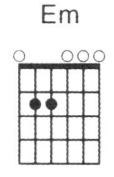

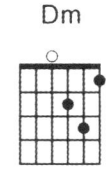

Introdução: **G**

Falando: **C F C G C F C G**

Essa é mais uma das manjadas histórias de amor que já aconteceu comigo, com você e com todo mundo. É a história do cara que perdeu a gata e da gata que perdeu o cara. Diz mais ou menos assim:

     C
  Perdi meu amor
F   **C**
 (No paraíso)
G   **C**
 Dou tudo que eu tenho
F   **C** **G**
 (Por um aviso)

     Am   **F**
 Pois seja sob o sol (seja sob o sol)
     Am   **F**
 Ah! Debaixo de chuva (debaixo de chuva)
     G **G4**
 Minha alma geme, por você

REFRÃO (2Xs):
C   **F**
 (Geme geme uh!) Por você
C   **G**   **C G**
 (Geme geme ah!) Por você

       C
 Não durmo de noite
F   **C**
 (Arrasto corrente)
G   **C**
 Sozinho na cama
F   **C** **G**
 (Trincando os dentes)

 Pois seja sob o sol *(etc.)*
C   **G**
 ...(Geme geme ah!)

Am   **Em**
 Vocês podem estar pensando
 (Que ela foi embora)
     Dm **Am**
 Mas está quase voltando
   G
 (Não demora)
Am   **Em**
 Ela foi pra muito longe
   Dm
 (Felicidade)
       Am
 Onde estás que não responde

Solo de guitarra: **G C F C G**
         C F C G

 Pois seja sob o sol *(etc.)*
 ... por você

Refrão

 Vocês podem estar pensando *(etc.)*
 ...Onde estás que não responde

 Perdi meu amor *(etc.)*
 ... por você

Refrão

Repete ad libitum e fade out: **C F C G**

Mais uma de amor (Geme geme)

RICARDO BARRETO, ANTONIO PEDRO e BERNARDO VILHENA

♩ = 168

Instrumental (G | C | F | C | G | C | F)

Essa é mais uma das manjadas histórias de amor que já aconteceu comigo, com você e com todo mundo. É a história do cara que perdeu a gata e da gata que perdeu o cara. Diz mais ou menos assim:

Perdi meu amor
(2ª vez) -te

(No para - í - so)
(Arrasto corren - te)

Dou tudo que eu te - nho
Sozinho na ca - ma

(Por um a - vi - so)
(Trincando os den - tes)

Pois seja sob o sol
(Seja sob o sol)

Ah! Debaixo de chuva
(Debaixo de chuva)

Ah! Minha alma geme
Por você
Por você
(Geme geme Uh!)
Por você
(Geme geme Ah!)

Copyright © 1982 by EDIÇÕES MUSICAIS TAPAJÓS LTDA.
Todos os direitos autorais reservados para todos os países. *All rights reserved.*

C F C G
(Ge-me ge-me Uh!) Por vo-cê (Ge-me ge-me Ah!)
1. C G 2. G
Por vo-cê Não dur-mo de noi-
Am Em
Vo-cês po-dem es-tar pen-san-do (Que͜ e-la foi͜ em-bo-ra)
Dm Am G
Mas es-tá qua-se vol-tan-do (Não de-mo-ra)
Am Em
Oh! E-la foi pra mui-to lon-ge (Fe-li-ci-da-de)
Dm Am
Solo de guitarra
On-de͜ es-tás que não res-pon-de
G C F C G
Solo de guitarra
C F C G
Voz
Pois se-ja so-b͜o
Ao 𝄋 (casa 2) e 𝄌

G C F C
61 Per - di meu a - mor (No pa - ra - i so)
G C F C
65 Dou tu - do que‿eu te - nho (Por um a - vi - so)
G Am F Am
69 Pois se - ja so - b‿o sol Ah! De - bai - xo de chu - va
(Se - ja so-b‿o sol) (De - bai - xo de chu - va)
F G G4 C
73 Ah! Mi - nha al - ma ge - me Por vo - cê (Ge - me ge - me
F C G C
77 Por vo - cê Por vo - cê
Uh!) (Ge - me ge - me Ah!) (Ge - me ge - me
F C G
81 Por vo - cê
Uh!) (Ge - me ge - me Ah!)
C F C G
Rep. ad libitum
84 (Ge - me ge - me Uh!) (Ge - me ge - me Ah!)
Fade out

Agora eu sei

FREDDY HAIAT e
GUILHERME ISNARD

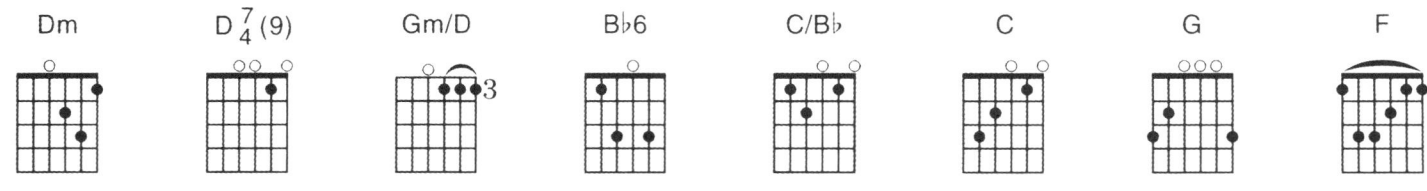

Chord diagrams: Dm   D7 4/7 (9)   Gm/D   Bb6   C/Bb   C   G   F

Introdução: **Dm   D7 4(9)   Gm/D   Bb6   C/Bb**

Dm   C   G   Bb6
    Há muito tempo eu ouvi dizer
Dm   C   G
    Que um homem vinha para nos mostrar
Dm   C   G
    Que todo mun_do é bom
     Bb6   Dm   C   G
    E que ninguém é tão ruim

Dm   C   G   Bb6
    O tempo voa e agora eu sei
Dm   C   G
    Que só quiseram me en_ganar
     Dm   C   G   Bb6
    Tem gente bo_a que me fez sofrer
     Dm   C   G
    Tem gente bo_a que me faz chorar

F   Dm   C   G
    Agora eu sei e posso te contar
F   Dm   C
    Não acredite se ouvir também
       Dm   C
    Que alguém te a_ma
     G   Bb6   Dm   C
    E sem você não consegue viver
G
    (Não consegue viver)

F   Dm   C   G
    Quem vive, mente mesmo sem querer
F   Dm   C
    E fere o outro não pelo prazer
       Dm   C   G
    Mas pela eviden__te razão
    Bb6   Dm   C   G
    Sobreviver

Instrumental (2Xs): **Dm   C   G   Bb6   Dm   C   G**

Dm   C   G   Bb6
    Não é possível mais ignorar
Dm   C   G
    Que quem me ama me faz mal demais
         Dm   C   G   Bb6
    Mas 'inda é ce_do pra saber
    Dm   C   G
    Se isso é ruim ou se é mui__to bom

    O tempo voa e agora eu sei *(etc.)*
    ...Tem gente boa que faz chorar

F   Dm   C   G
    Quem vê seu rosto só pensa no bem
F   Dm   C
    Que você pode fazer a quem
    Dm   C
    Tiver a chan_ce
G   Bb6   Dm   C
    De te pos__suir
G
    (De te possuir)

F   Dm   C   G
    Mal sabe ele como é triste ter
F   Dm   C
    Amor demais sem nada receber
    Dm   C   G
    Que possa com_pensar
    Bb6   Dm   C   G
    O que isso traz de dor

Instrumental (2Xs): **Dm   C   G   Bb6   Dm   C   G**

    Quem vê seu rosto só pensa no bem...
    ...O que isso traz de dor

Repete e fade out:

Dm   C
    O que isso traz de dor
              G
    (Tudo que isso me traz de dor)
    Bb6   Dm   C   G
    O que isso traz de dor

Agora eu sei

FREDDY HAIAT e
GUILHERME ISNARD

♩ = 106

(tacet 1ª vez)
Há mui-to tem-po eu ou-vi di - zer___ Que_um ho-mem vi-nha pra nos___
O tem-po vo-a e a - go-ra_eu sei___ Que só qui-se-ram me en-___
___ mos-trar___ Que to-do mun - do_é bom___ E que nin-guém___ é tão___ ru-im
___ ga - nar___ Tem

-gen - te bo___- a que me fez so - frer___ Tem
gen - te bo___- a que me faz cho - rar___ A - go-ra_eu sei e pos-so te con - tar___
Quem vê seu ros-to só pen - sa no bem___
Não a-cre-di-te se_ou-vir___ tam-bém___ Que_al - guém te a___- ma E sem___ vo - cê___ não con-se -
Que vo-cê po-de fa - zer___ a quem___ Ti - ver a chan - ce De te pos___- su - ir___

Copyright © 1985 by EDIÇÕES MUSICAIS TAPAJÓS LTDA.
Todos os direitos autorais reservados para todos os países. *All rights reserved.*

gue vi-ver___ (Não con-se-gue vi-ver) Quem vi-ve, men-te mes-mo sem que-rer___
(De te pos-su-ir) Mal sa-be e-le co-mo_é tris-te ter___

E fe-re_o ou-tro não pe-lo pra-zer___ Mas pe-la_e-vi-den - te ra-zão___ So - bre - vi - ver___
A-mor de-mais sem na-da re-ce-ber___ Que pos-sa com - pen - sar___ O que_is-so traz

de dor

1ª Impr. guitarra / 2ª impr. sintetizador

Voz

Não é pos-si-vel mais ig - (g) - no - rar___ Que quem me a-ma me faz mal de-mais___ Mas

Ao 𝄋 1
s/ rep.
e ⊕ 1
(2° verso)

'in - da_é ce___ - do pra sa-ber___ Se is-so_é ruim___ ou se_é mui - to bom___

Ao 𝄋 2
e ⊕ 2
(2° verso)

resposta

O que_is-so traz___ de dor___
(Tu-do que_is-so me traz

O que_is-so traz___ de dor___ O que_is-so traz___
de dor) (Tu-do que_is-so me traz___ de dor) **Fade out**

Maluco beleza

RAUL SEIXAS e
CLÁUDIO ROBERTO

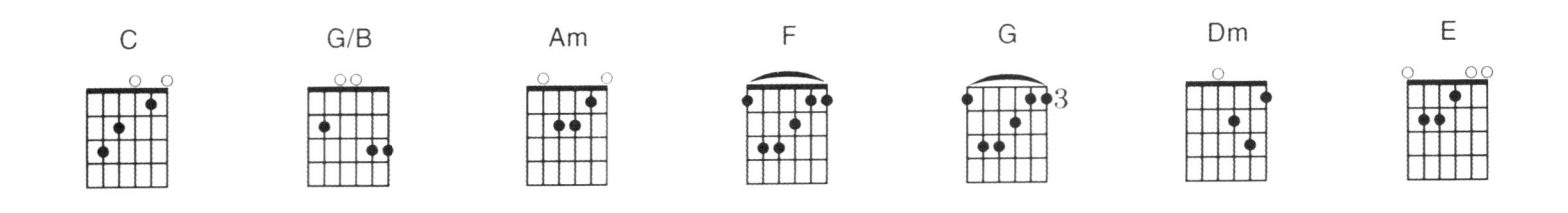

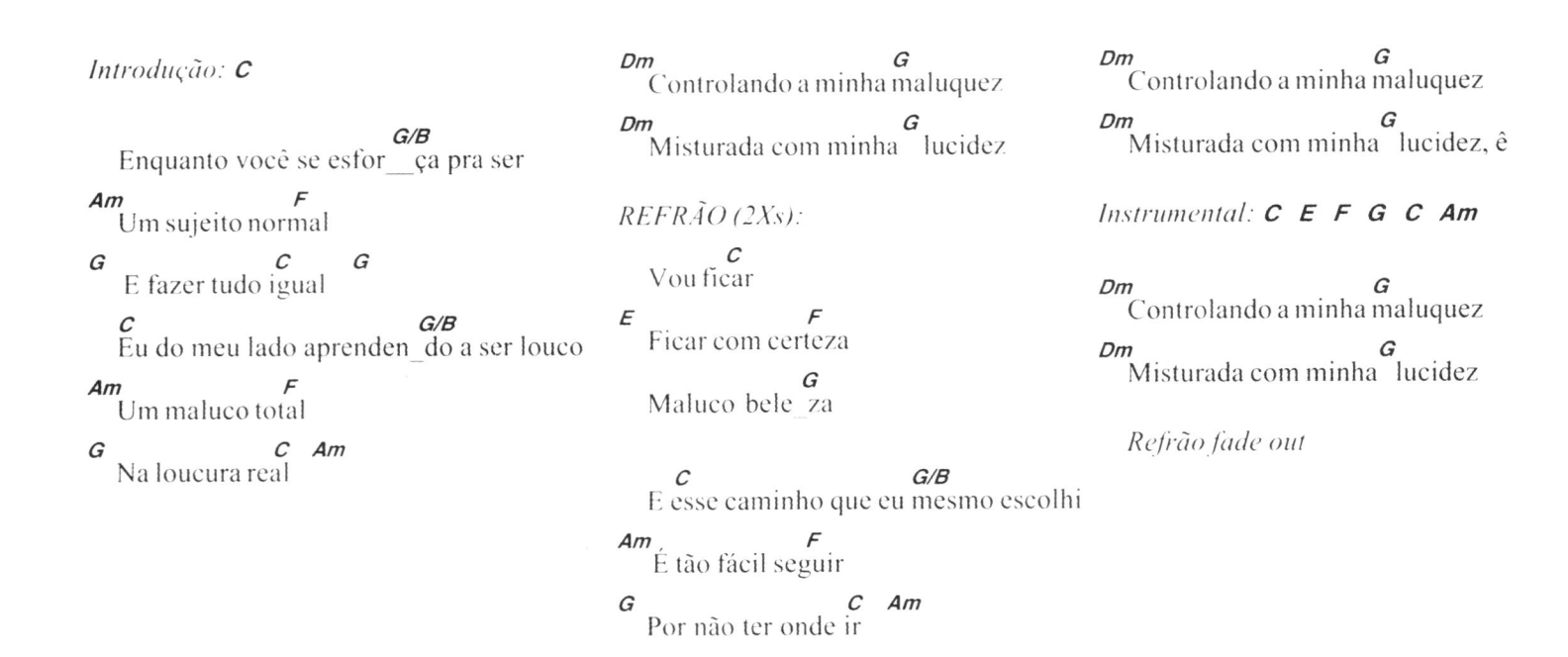

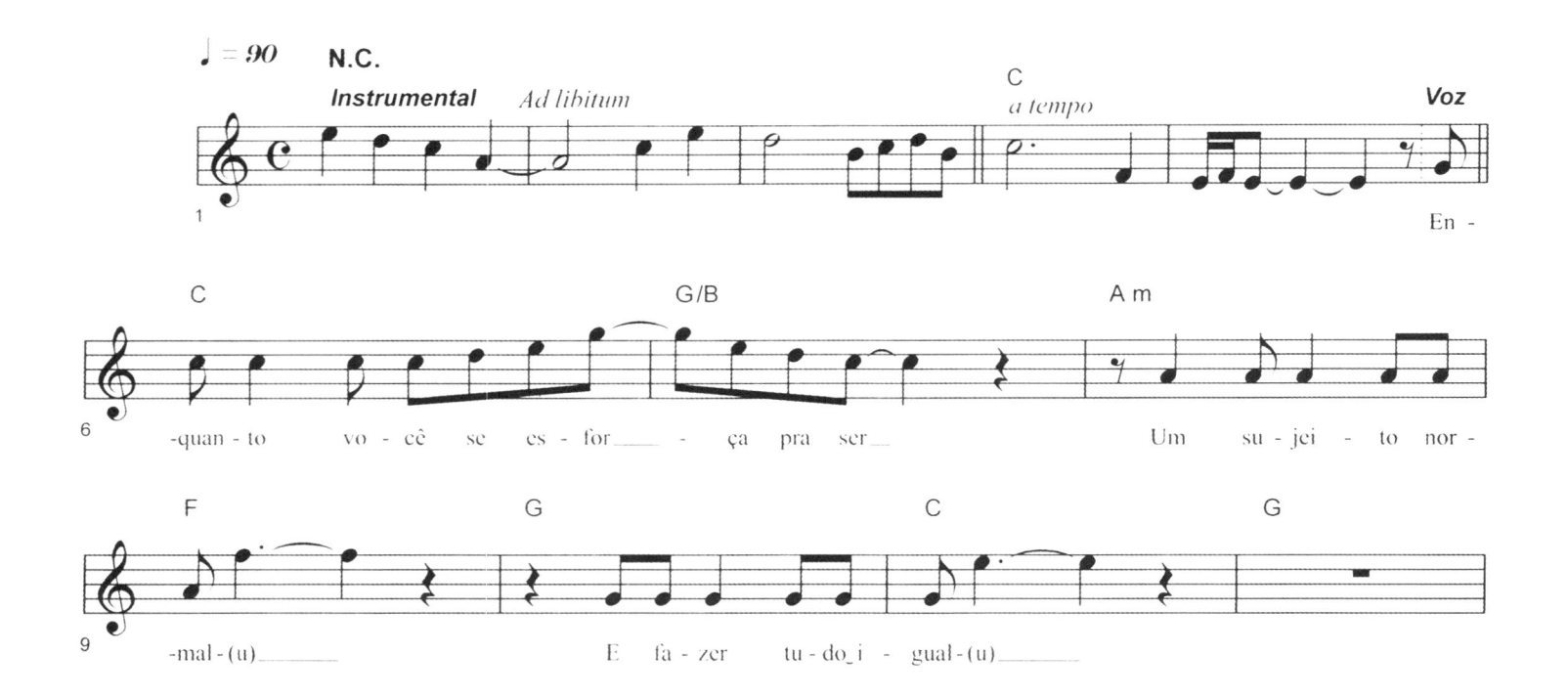

[Chord diagrams: C, G/B, Am, F, G, Dm, E]

Introdução: **C**

Enquanto você se esfor____ça pra ser   *G/B*
Am   **F**
Um sujeito normal
G   **C**   **G**
E fazer tudo igual
C   **G/B**
Eu do meu lado aprenden__do a ser louco
Am   **F**
Um maluco total
G   **C** **Am**
Na loucura real

Dm   **G**
Controlando a minha maluquez
Dm   **G**
Misturada com minha lucidez

REFRÃO (2Xs):
   C
Vou ficar
E   **F**
Ficar com certeza
   G
Maluco bele_za
   C   **G/B**
E esse caminho que eu mesmo escolhi
Am   **F**
É tão fácil seguir
G   **C** **Am**
Por não ter onde ir

Dm   **G**
Controlando a minha maluquez
Dm   **G**
Misturada com minha lucidez, ê

Instrumental: **C E F G C Am**

Dm   **G**
Controlando a minha maluquez
Dm   **G**
Misturada com minha lucidez

Refrão fade out

[Musical notation: ♩ = 90, Instrumental Ad libitum, a tempo, Voz]

Copyright © 1977 by WARNER CHAPPELL EDIÇÕES MUSICAIS LTDA.
Todos os direitos autorais reservados para todos os países. *All rights reserved.*

Eu do meu la-do a-pren-den-do a ser lou-co Um ma-lu-co to-tal-(u) Na lou-cu-ra re-al (u) Con-tro-lan-do a mi-nha ma-lu-quez Mis-tu-ra-da com minha lu-ci-dez Vou fi-car Fi-car com cer-te-za Ma-lu-co be-le-za Eu vou fi-car

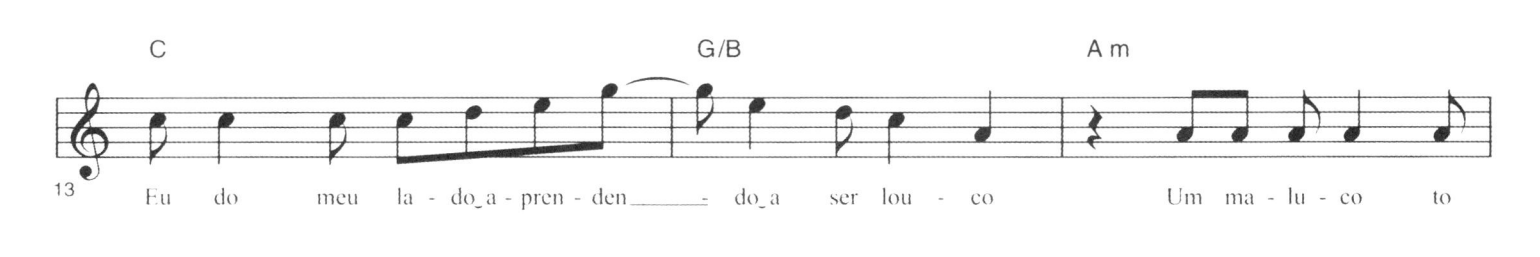

Fade out p/ Fim

-za E es-se ca-mi-nho que eu mes-mo es-co-lhi É tão fá-cil se-guir Por não ter on-de ir Con-tro-lan-do a mi-nha ma-lu-quez Mis-tu-ra-da com minha lu-ci-dez Ê...

Instrumental

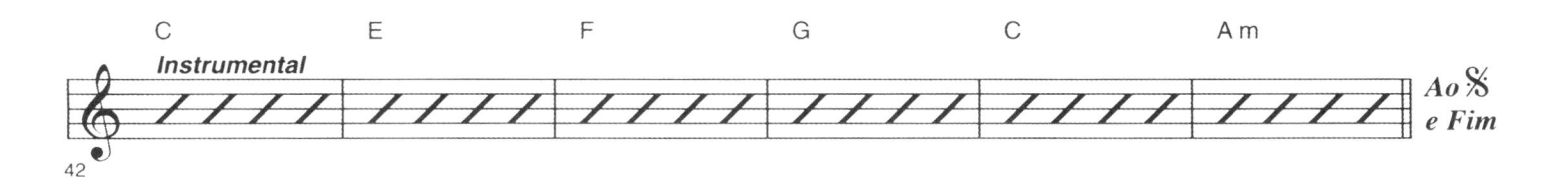

Ao 𝄋 e Fim

Se você pensa

ROBERTO CARLOS e
ERASMO CARLOS

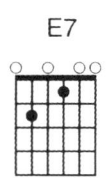

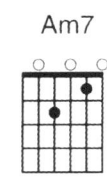

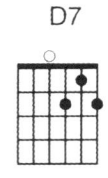

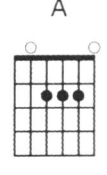

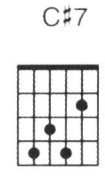

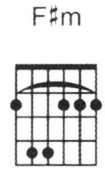

| Bm7 | E7 | Am7 | D7 | A | C#7 | F#m |

Introdução: **Bm7 E7 Bm7 E7**

     Am7   **D7**
Se você pensa que vai fazer de mim
   Am7   **D7**
O que faz com todo mundo que te a__ma
   Am7   **D7**
Acho bom saber que pra ficar comi__go

         E7
Vai ter que mudar

       A
Daqui pra frente
        C#7
Tudo vai ser diferente
                        F#m
Você tem que aprender a ser gen___te
                  Bm E7 Bm E7
Seu orgulho não vale nada   nada

   Am7   **D7**
Você tem a vida inteira pra viver
  Am7   **D7**
E saber o que é bom e o que é ruim
     Am7   **D7**
É melhor pensar depressa e escolher
         E7
Antes do fim

           A
Você não sabe
             C#7
E nunca procurou saber
                      F#m
Que quando a gente ama pra valer
                       Bm7 E7 Bm7 E7
Bom mesmo é ser feliz e mais na__da na__da

Instrumental: **A C#7 F#m Bm7 E7 Bm7 E7**

Se você pensa que vai fazer de mim *(etc.)*

Copyright © by SERESTA EDIÇÕES MUSICAIS LTDA.
Todos os direitos autorais reservados para todos os países. *All rights reserved.*

D7 E7 A 1.
-go vai ter que mu-dar Da-qui pra fren-te Tu-do vai ser di-fe-
an-tes do fim Vo-cê não
C♯7 F♯m
-ren-te Vo-cê tem que_a-pren-der a ser gen-te Seu or-gu-lho não va-le
Bm7 E7 2. A C♯7
na-da na-da Vo-cê sa-be E nun-ca pro-cu-rou sa-ber Que
F♯m Bm7 E7 Sax
quan-do_a gen-te a-ma pra va-ler Bom mes-mo_é ser fe-liz e mais na-da na-da
A (segue sax) C♯7
F♯m Bm7 E7 Voz
Ao 𝄋 e 𝄌
Se vo-
Bm7 E7 A C♯7
na-da Vo-cê não sa-be E nun-ca pro-cu-rou sa-ber Que quan-do_a gen-te a-ma pra
F♯m Bm7 E7 Bm7 E7
va-ler Bom mes-mo_é ser fe-liz e mais na-da na-da Vo-cê não
Fade out

Ando meio desligado

ARNALDO BAPTISTA,
RITA LEE e
SERGIO DIAS

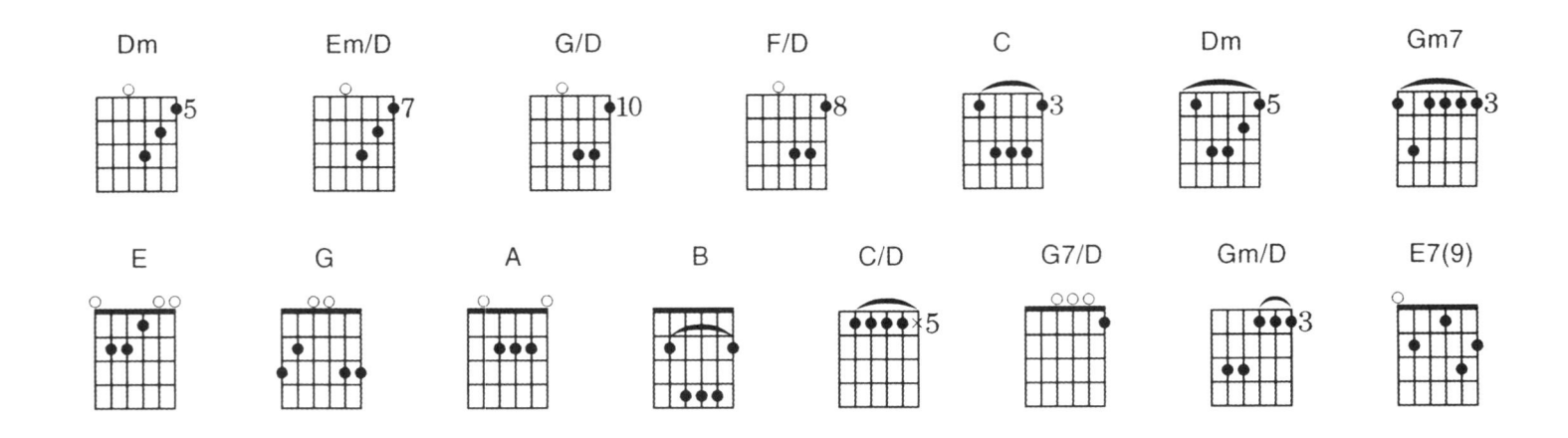

Introdução (duas vezes): **Dm Em/D G/D F/D**

Dm
Ando meio desligado

Eu nem sinto meus pés no chão
Dm
Olho e não vejo nada

Eu só penso se você me quer

C   **Dm**
Eu nem vejo a hora de lhe dizer
                        C
Aquilo tudo que eu decorei
                              Dm
E depois do beijo que eu já sonhei
                    Gm7
Você vai sentir mas por favor

C7   Gm7
  Não leve a mal
C7   Gm7
  Eu só quero
C7   Gm7
  Que você me queira
C7   Dm
  Não leve a mal

Dm
Ando desligado *(etc.)*

                E G A B
...Não leve a mal

Instrumental (3 vezes): **E G A B**

Eu nem vejo a hora *(etc.)*

Ando meio desligado *(etc.)*

Vocal e solo de guitarra (5Xs):
  Dm C/D G/D Gm/D

Final (4Xs): **E G A B**

      B   E7(9)
Oh! Meu Brasil

♩ = 128

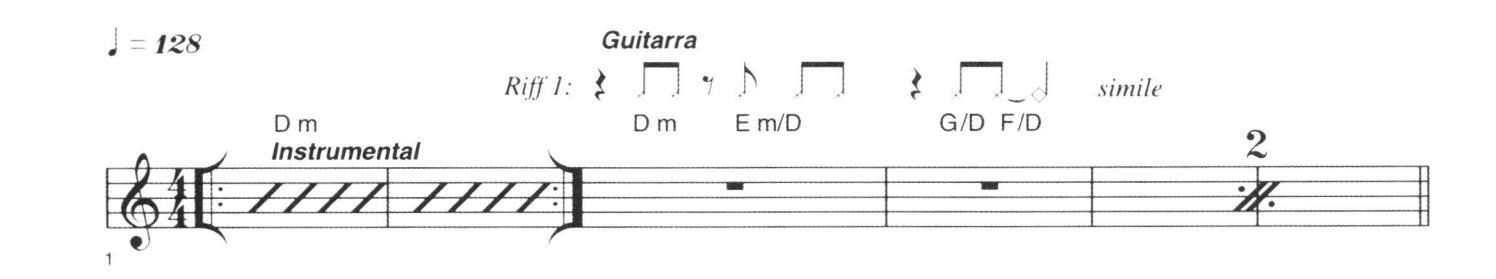

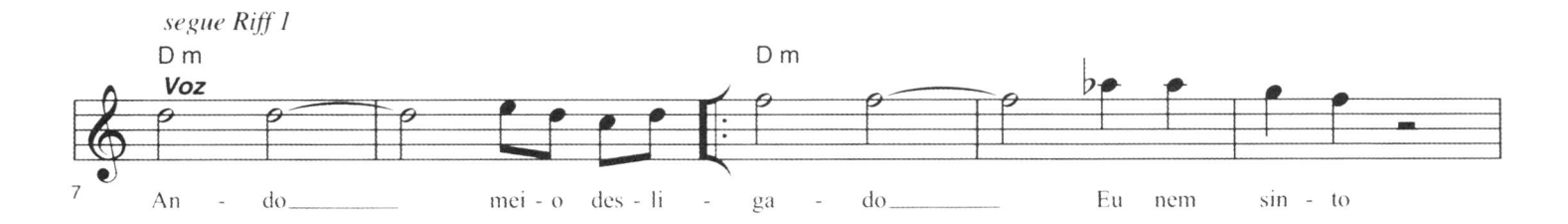

Riff 1 (Guitarra): Dm Em/D G/D F/D simile

Instrumental

segue Riff 1

Voz

An - do___ mei - o des - li - ga - do___ Eu nem sin - to meus pés__ no__ chão_____ O - lho e não ve - jo na - da Eu só pen - so se vo - cê__ me__ quer__

Ritmo normal

Eu nem ve - jo_a ho__- ra de lhe di - zer A - qui - lo__ tu__- do que_eu de - co - rei E de - pois do__ bei__- jo que_eu já so - nhei Vo - cê vai sen__- tir___ mas por fa - vor

Funk

Não le - ve_a___ mal___ Eu só que__- ro uh uh___ uh uh

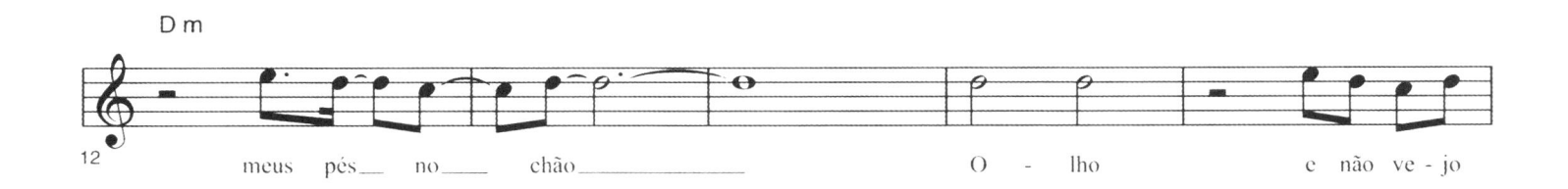

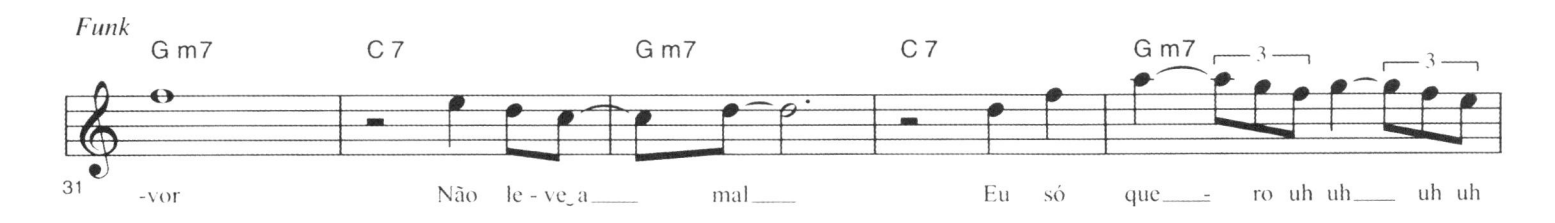

Copyright © by WARNER CHAPPELL EDIÇÕES MUSICAIS LTDA.
Todos os direitos autorais reservados para todos os países. *All rights reserved.*

C7 Gm7 C7 Riff 1 Dm
1.
36 uh Que vo - cê me quei - ra Não le - ve_a mal An - do des - li -
E G A B E G A B
2.
Solo de órgão
41 mal
E G A B E G A B
45
Ao 𝄋 (casa 1) e 𝄌
Riff 1
Dm Dm Dm Dm
49 pen - so se vo - cê me quer Não le - ve_a mal Não le - ve_a
Dm C/D G7/D Gm/D Dm C/D G7/D Gm/D
Vocal
55 mal
Dm C/D G7/D Gm/D Dm C/D G7/D Gm/D
Solo de guitarra
65
simile
E G A B E G A B E G A B
73
E G A B E G A B7 E7(9)
79 rall. Oh! Meu Bra - sil

Casa de campo

ZÉ RODRIX e
TAVITO

[Chord diagrams: Bm, C#m, D, Cm, D#, C#, A, F#m, F#, GM7, F, CM7, G, F#m7, Dm, E7, A/C#, D#°, C]

Introdução: Bm C#m D C#m D C#m Cm
Bm C#m D C#m D C#m Cm
Bm C#m D D# D C#

  A
Eu quero uma casa no campo
         F#m   F#
Onde eu possa compor muitos rocks rurais
GM7
  E tenha somente a certeza
CM7   F A   Bm Cm Bm
  Dos amigos do pei__to e nada mais

  A
Eu quero uma casa no campo
        AM7 F#m
Onde eu possa ficar   no tamanho da paz
GM7
  E tenha somente a certeza
       F D   F G D
Dos limites do cor__po e nada mais

Bm
  Eu quero carneiros e cabras
F#m7
  Pastando solenes no meu jardim

Bm   Dm   E7   F
Eu quero o silêncio das línguas cansadas
A   A/C#
Eu quero a esperança de óculos
D   D#° A
E um filho de cuca legal
   F#m   G D
Eu quero plantar e colher com a mão
  E7   D C#m Bm
A pimenta e o sal

A
Eu quero uma casa no campo
       F#m   F#
Do tamanho ideal pau-a-pique e sapê
Bm C#m   D D#°
Onde eu possa plantar meus amigos
E7
Meus discos meus livros
  A   A7
E nada mais
Bm C#m   D D#°
Donde pueda plantar mis amigos
E7
Mis discos mis libros
  A   C D
Y nada más

[Sheet music: ♩.=100, 12/8, Coro. Measures with chords Bm, C#m, D, C#m, D C#m Cm; Bm, C#m, D, D#, D, C#]

Eu quero uma casa no campo
Onde eu possa compor muitos rocks rurais
E tenha somente a certeza
Dos amigos do peito e nada mais

Eu quero uma casa no campo
Onde eu possa ficar no tamanho da paz
E tenha somente a certeza
Dos limites do corpo

e nada mais

Eu quero carneiros e cabras
Pastando solenes no meu jardim
Eu quero o silêncio das línguas cansadas
Eu quero a esperança de óculos
E um filho de cuca legal
Eu quero plantar e colher com a mão
A pi-

E7 D C♯m Bm
-men - ta e‿o sal
A
Eu que - ro‿u - ma ca - sa no cam - po
Do ta - ma - nho‿i - de -
F♯m F♯ Bm C♯m
-al pau- a- pi - que‿e sa - pê
On - de‿eu pos - sa plan -
D D♯° E7 A
-tar meus a - mi - gos
Meus dis - cos meus li - vros
e na - da mais
A7 Bm C♯m D D♯°
Don - de pue - da plan - tar mis a - mi - gos
E7
Mis dis - cos mis li - bros
rall.
A C D
Y na - da más

Muito estranho

(Cuida bem de mim)

DALTO e
CLÁUDIO ROBERTO

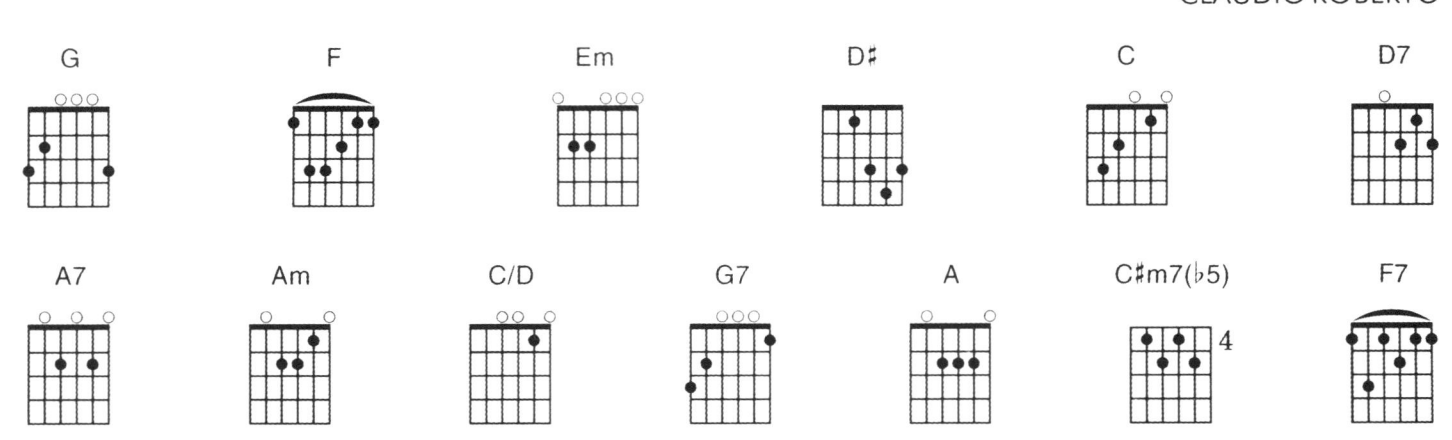

Introdução: **G F Em D♯ G Em C A7 D7**

     G   **C**
Hum!   Mas se um dia eu chegar mui_to estranho
Am   **D7**   **G**   **C/D**
Deixa essa água no cor_po lembrar nosso banho
     G   **G7**   **C**
Hum!   Mas se um di__a eu chegar muito louco
Am   **D7**   **G** **G7**
Deixa essa noite saber   que um dia foi pouco

REFRÃO:

     C
Cuida bem de mim

Am   **D7**   **A**
   Então mistu__re tudo dentro de nós
C   **D7**   **G**   **C/D**
   Porque ninguém   vai dormir nosso sonho

     G   **C**
Hum! Minha cara pra que tan_tos planos
   Am   **D7**   **G**   **C/D**
Se quero te amar e te amar   e te amar muitos anos
     G   **G7**   **C**
Hum! Tantas ve__zes eu quis ficar solto
Am   **D7**   **G** **G7**
Como se fosse uma lu_a a brincar no teu rosto

Refrão

Solo de sax: **Em C A7 D7**

Hum! Tantas vezes eu quis ficar solto *(etc.)*
... Dentro de nós

C   **G**
   Porque ninguém vai dormir   nosso sonho

Vocalize e fade out: **G7 C♯m7(♭5) F7 G**

♩ = 108
G F Em D♯ G Em
Instrumental
Sax
C A7 D7
Voz
Hum!
G C
Mas se_um di - a_eu che - gar mui - to_es - tra - nho
Mi - nha ca - ra pra que tan - tos pla - nos Se
Am D7 G
Dei - xa_es - sa á - gua no cor - po lem - brar no - so ba - nho
que - ro te_a - mar e te_a - mar e te_a - mar mui - tos a - nos
C/D G G7 C
Hum! Mas se_um di - a_eu che - gar mui - to lou - co
Hum! Tan - tas ve - zes eu quis fi - car sol - to
Am D7 G G7
Dei - xa_es - sa noi - te sa - ber que um di - a foi pou - co Cui - da bem
Co - mo se fos - se_u - ma lu a a brin - car no teu ros - to
C Am D7 A
de mim En - tão mis - tu - re tu - do den - tro de nós
C D7 G C/D
1.
Por - que nin - guém vai dor - mir nos - so so - nho Hum!

Hum!

Tantas ve-zes eu quis fi-car sol-to

Co-mo se fos-se u-ma lu-a a brin-car no teu ros-to

Cui-da bem de mim

En-tão mis-tu-re tu-do den-tro de nós

Por-que nin-guém vai dor-mir nos-so so-nho

Rep. ad libitum

Vocalize

Fade out

Perdidos na selva

JÚLIO BARROSO

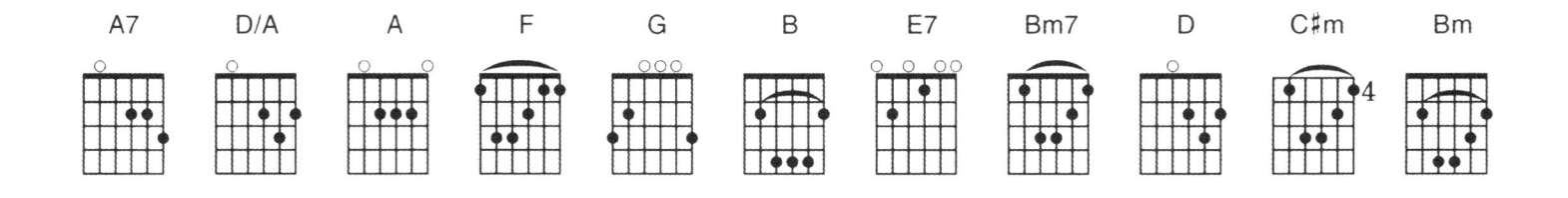

Introdução (2Xs): **A7 D/A A F**

  A   G D/A
Perdidos na selva
  A   G D/A
Mas que tremenda aventura
  A   G D/A
Você até jura
        A   G D/A
Nunca sentiu tamanha emoção

  A   G D/A
Meu uniforme brim cáqui
  A   G D/A
Não resistiu ao ataque
  A   G D/A
Das suas unhas vermelhas
     A   B
Meu bem, você rasgou meu coração
E7
Oh! Oh! Oh! Oh!

REFRÃO (2Xs):
  Bm7   E7
Eu e minha gata rolando na relva
Bm7   E7
Rolava de tu__do
Bm7   E7
Num covil de pira__tas pirados
      D   C#m Bm A
Perdidos na selva

Instrumental (2Xs): **A7 D/A A F**

  A   G D/A
Orangotangos de tanga no tango
  A   G D/A
Tigres em pele botando a me__sa
  A   G D/A
Papagaios, bem-te-vis e ara_ras
  A   G D/A
Revoando flores, folhas e va_ras
  A   G D/A
Ah! Que calor tropical
  A   G D/A
Mas que folhagem maneira
  A   G D/A
É sururu, carnaval
       A   B
Deu febre na floresta intei__ra
E7
Oh! Oh! Oh! Oh!

Refrão (2Xs)

Instrumental (2Xs): **A7 D/A A F**

  A   G D/A
Quando o avião deu a pane
  A   G D/A
Eu já previa tudinho
  A   G D/A
Me Tarzan, you Jane
      A   B
Incendiando mundos nesse matinho
E7
Oh! Oh! Oh! Oh!

Refrão ad libitum e fade out

Perdidos na selva

JÚLIO BARROSO

♩ = 132

Falando: Boa noite, senhoras e senhores! Eu sou o comissário de bordo Sérgio Ronaldo! Apertem os cintos, porque este vôo está caindo!

Há! Há! Há! Perdidos na sel-va Mas que tremenda aventu-ra Você até ju-ra Nunca sentiu tamanha emoção Meu uniforme brim cá-qui Não resistiu ao ata-que De suas unhas verme-lhas Meu bem, você rasgou meu cora-ção Oh! Oh! Oh! Oh!

Copyright © by MIX CRIAÇÕES E PROD. ARTISTICAS LTDA. / WARNER CHAPPELL EDIÇÕES MUSICAIS LTDA.
Todos os direitos autorais reservados para todos os países. *All rights reserved.*

| Bm7 | E7 | Bm7 | E7 |

Eu e minha gata ro - lan - do na rel - va   Ro - la - va de tu - do

| Bm7 | E7 | D C#m | Bm A |

Num co - vil de pi - ra - tas pi - ra - dos   Per - di - dos na sel - va

Instrumental
| A7 | D/A | A | F |

| A7 | D/A | A | F |

Voz
| A | | G D/A | A |

O - ran - go - tan - gos de tan - ga no tan - go   Ti - gres em pe - le bo-

| | G D/A | A | G D/A |

-tan - do a me - sa   Pa - pa - gai - os, bem - te - vis e a - ra - ras

| A | G D/A | A | G D/A |

Re - vo - an - do flo - res, fo - lhas e va - ras   Ah! Que ca - lor tro - pi - cal

| A | G D/A | A | |

Mas que fo - lha - gem ma - nei - ra   É su - ru - ru, car - na - val

Deu fe-bre na flo-res-ta in-tei-ra Oh! Oh! Oh! Oh!

Quan-do o a-vi-ão deu a pa-ne Eu já pre-vi a tu-di-nho Me Tar-zan, y-ou Ja-ne In-cen-di-an-do mun-dos Nes-se ma-ti-nho Oh! Oh! Oh! Oh!

Rep. ad libitum

Eu e mi-nha ga-ta ro-lan-do na rel-va Ro-la-va de tu-do Num co-vil de pi-ra-tas pi-ra-dos Per-di-dos na sel-va

Fade out

Primeiros erros

(Chove)

KIKO ZAMBIANCHI

D(add9) E7/D A/C# G6/B DM7(9) B7/4(9) A7/4(9) GM7 A/G Em7(9)

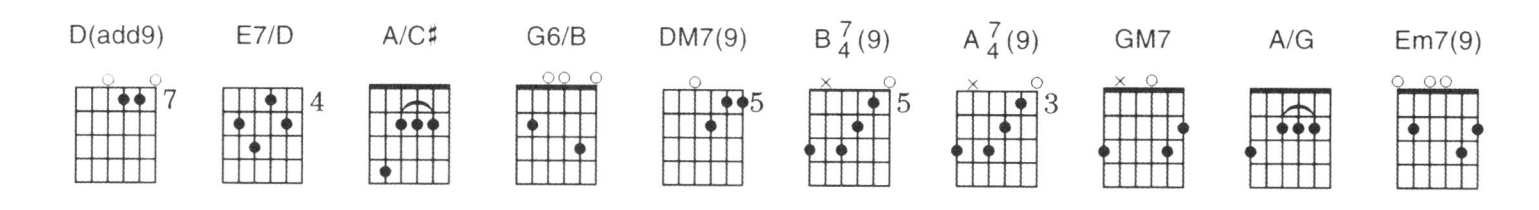

Introdução: D(add9) E7/D D(add9)
E7/D D(add9) A/C# G6/B D(add9)
A/C# G6/B D(add9)

    DM7(9)   D(add9)
Meu caminho é cada manhã
    DM7(9)   B7 4(9)
Não procure saber onde vou

Meu destino não é de ninguém
   A7 4(9)   D(add9)
Eu não deixo meus passos no chão
   DM7(9)   D(add9)
Se você não entende, não vê
   DM7(9)   B7/4(9)
Se não me vê, não entende

Não procure saber onde estou
          GM7
Se o meu jeito te surpreen__de
   A/G   GM7
Se o meu corpo virasse sol
   A/G   Em7(9)
Minha men__te virasse sol

Mas só chove, chove

Chove, chove

Instrumental (2 Xs): D(add9) A/C# G6/B

   D(add9)   DM7(9) D(add9)
Se um dia eu pudesse ver
   DM7(9)   B7 4(9)
Meu passado inteiro

E fizesse parar de chover
          GM7
Nos primeiros erros
   A/G   GM7
O meu corpo viraria sol
   A/G   Em7(9)
Minha men__te viraria

Mas só chove, chove

Chove, chove

Instrumental (2Xs): D(add9) E7/D

   D(add9)   E7/D D(add9)
Se um dia eu pudesse ver
   E7/D   B7 4(9)
Meu passado inteiro
          GM7
Nos primeiros erros

   A/G   GM7
O meu corpo viraria sol
   A/G   Em7(9)
Minha men__te viraria

Mas só chove, chove

Chove, chove (Ôôu)

   GM7   A/G   GM7
O meu cor__po virari_a sol
   A/G   Em7(9)
Minha men__te viraria sol

Mas só chove, chove

Chove, chove

Quatro vezes:
D(add9) A/C#   G6/B
      Ôôu

Chove, chove

Final:
D(add9)A/C#   G6/B D(add9)
   Chove, chove

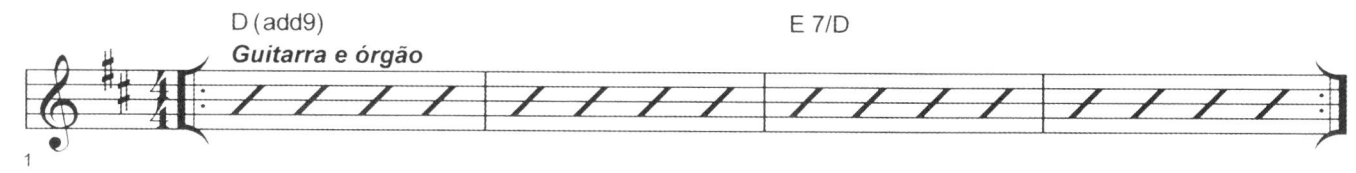

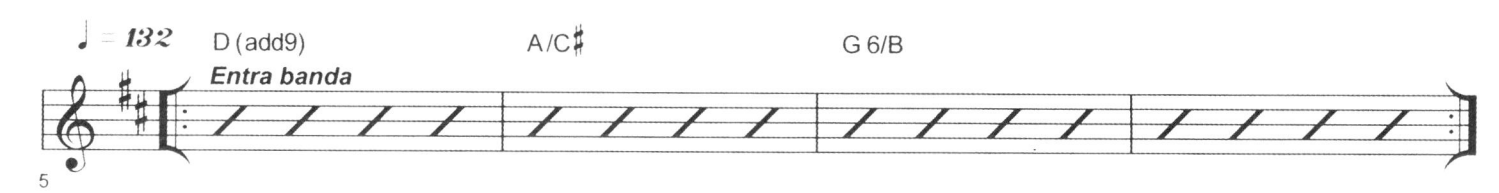

Ad libitum
D (add9) | | | E 7/D | |
Guitarra e órgão

♩ = 132 D (add9) | A/C# | G 6/B | |
Entra banda

Copyright © 1985 by EDIÇÕES MUSICAIS TAPAJÓS LTDA.
Todos os direitos autorais reservados para todos os países. *All rights reserved.*

Meu caminho é cada manhã
Não procure saber onde vou
Meu destino não é de ninguém
Eu não deixo meus passos no chão
Se você não entende, não vê
Se não me vê, não entende
Não procure saber onde estou
Se o meu jeito te surpreende
Se o meu corpo virasse sol
Minha mente virasse sol
Mas só chove, chove
Chove, chove

Instrumental

Se um dia eu pudesse ver
Meu passado inteiro
E fizesse parar de chover
Nos primeiros erros
O meu corpo viraria

G M7
A 7/G
E m7(9)
47
sol Mi - nha men - te vi - ra - ri - a Mas só cho - ve, cho - ve
E m7(9)
1
8va
D (add9)
Guitarra e órgão
Ad libitum
E 7/D
51
Cho - ve, cho - ve
D (add9)
E 7/D
56
E m7(9)
2
G M7
A/G
61
Cho - ve, cho - ve (Ôôu) O meu cor - po vi - ra - ri-
G M7
A/G
E m7(9)
65
a sol Mi - nha men - te vi - ra - ri - a sol Mas só cho-
E m7(9)
68
ve, cho - ve Cho - ve, cho - ve
4X
D (add9)
A/C♯
G 6/B
71
(Ôôu) Cho - ve, cho - ve
D (add9)
A/C♯
G 6/B
D (add9)
75
Cho - ve, cho - ve

Pega na mentira

ROBERTO CARLOS e
ERASMO CARLOS

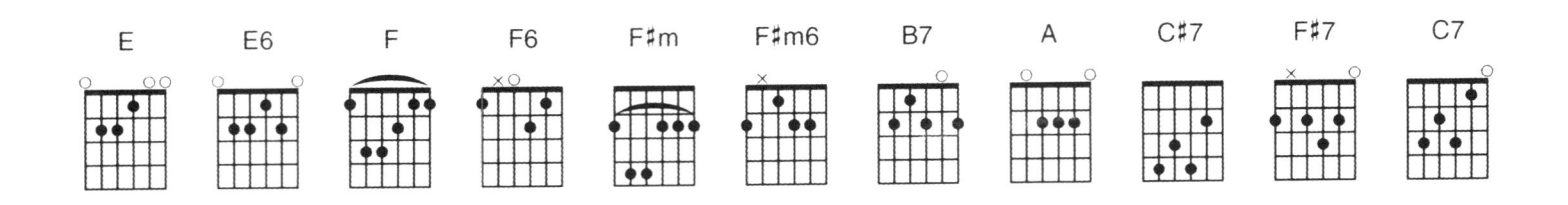

[Chord diagrams: E, E6, F, F6, F#m, F#m6, B7, A, C#7, F#7, C7]

Instrumental:
E E6 E F F6 F
F#m F#m6 F#m B7 (2Xs)
E

B7   **E**
Zico tá no Vasco com Pelé
B7   **E**
Minas importou do Rio a maré
         A
Beijei o Beijoqueiro na televisão
E   **C#7**
Acabou-se a inflação
   F#7
Barato é o marido da barata
B7   **C7**   **B7**
Amazônia preza a sua mata-ta-ta

REFRÃO:
B7
Pega na mentira
E
Pega na mentira
B7
Corta o rabo dela, pisa em cima, bate nela
E
Pega na mentira

B7   **E**
Já gravei um disco voador
B7   **E**
Disse a Castro Alves seu valor
    A
Em Copacabana não tem argentino
E   **C#7**
Sou mais moço que o menino
F#7
Vi Papai Noel numa favela
B7   **C7**   **B7**
O Brasil não gosta de novela

Refrão

Solo de sax (4Xs): **B7 E**

B7   **E**
Sônia Braga é feia, não é boa
B7   **E**
Já não morre peixe na Lagoa
   A
Passa todo mundo no vestibular
E   **C#7**
O amor vai se acabar
F#7
Carnaval agora é um dia só
B7   **C7**   **B7**
Sem censura e guaraná em pó pó pó pó

Refrão ad libitum e fade out
Texto "mentiroso" recitado

♩ = 126

[Musical notation: Instrumental section with chords E E6 E | F F6 F | F#m F#m6 F#m | B7 | E]

[Musical notation measure 6: B7 | E with lyrics:]
Zi-co tá no Vas-co   com Pe-lé
Já gra-vei um dis-co   *vo-a-dor*
Sô-nia Bra-ga é fei-a,   não é boa

Copyright © 1981 by WARNER CHAPPELL EDIÇÕES MUSICAIS LTDA.
Todos os direitos autorais reservados para todos os países. *All rights reserved.*

Mi - nas im - por - tou do Ri - o a ma - ré Bei-
Dis - se_a Cas - tro Al - ves seu va - lor
Já não mor - re pei - xe na La - goa

-jei o Bei - jo - quei - ro na te - le - vi - são A - ca - bou-se_a in - fla - ção Ba-
Em Co - pa - ca - ba - na não tem ar - gen - ti - no Sou mais mo - ço que_o me - ni - no
Pas - sa to - do mun - do no ves - ti - bu - lar O a - mor vai se_a - ca - bar

ra - to_é o ma - ri - do da ba - ra - ta A - ma - zô - nia pre - za_a su - a ma - ta ta - ta
Vi Pa - pai No - el nu - ma fa - ve - la O Bra - sil não gos - ta de no - ve - la
Car - na - val a - go - ra é um dia só Sem cen - su - ra_e gua - ra - ná em pó pó pó pó

Pe - ga na men - ti - ra Pe - ga na men - ti - ra

Cor - ta_o ra - bo de - la, pi - sa_em ci - ma, ba - te ne - la Pe - ga na men - ti - ra   Ao %

Solo de sax

Ao % e ⊕

Rep. ad libitum

Pe - ga na men - ti - ra Pe - ga na men - ti - ra

Texto "mentiroso" recitado

Cor - ta_o ra - bo de - la, pi - sa_em ci - ma, ba - te ne - la Pe - ga na men - ti - ra

Fade out

109

Vida louca vida

LOBÃO e
BERNARDO VILHENA

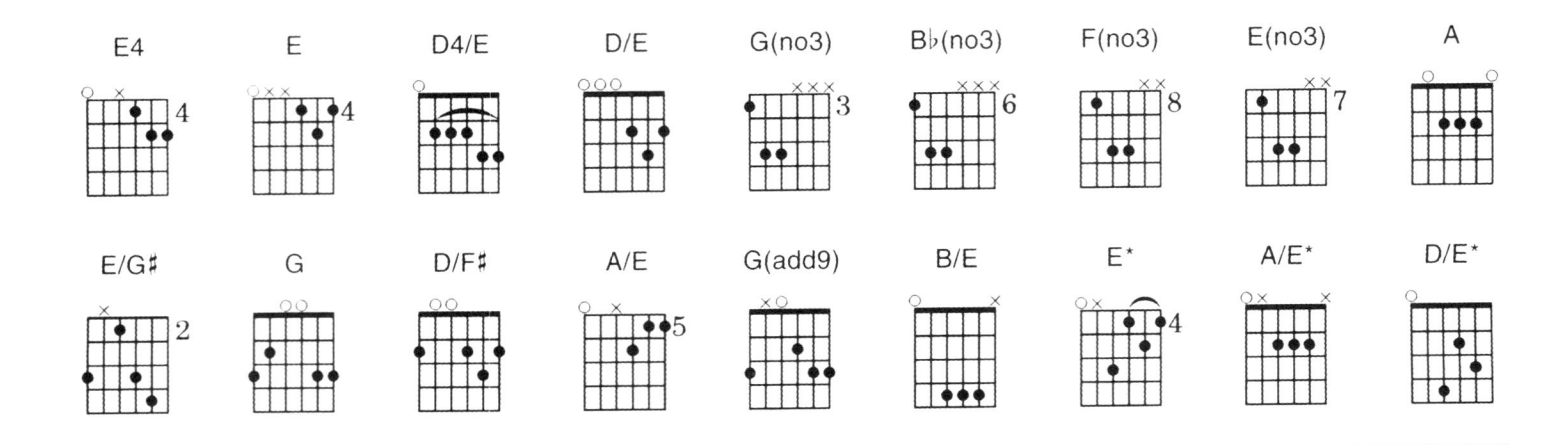

Introdução (2Xs): **E4 E D4/E D/E E4**
E C#(no3) D(no3)

N.C.
Se ninguém olha quando você passa

Você logo acha

G(no3)   Bb(no3)   F(no3)   E(no3)
A vida voltou ao normal

N.C.
Aquela vida sem sentido

Volta sem perigo

G(no3)   Bb(no3) F(no3)   E(no3)
A mesma vida, tudo, tudo sempre igual

N.C.
Se alguém olha quando você passa

Você logo diz

  G(no3)
Palhaço

   Bb(no3)   F(no3)   E(no3)
Você acha que não tá legal

N.C.
Perde logo a noção do perigo

  G(no3)
Todos os sentidos

   Bb(no3) F(no3)   E(no3)
Você passa mal

REFRÃO:
A   E/G#   G
 Vida lou___ca, vida
              D/F#
 Vida bre___ve
A   E/G#   G
 Já que eu não pos__so te levar
              D/F#
 Quero que   você me leve
A   E/G#   G
 Vida lou___ca, vida
              D/F#
 Vida imen___sa
A   E/G#   G
  Ninguém vai nos perdoar
              D/F#
 Nosso cri___me não compensa

Instrumental (2Xs): **E4 E D4/E
D/E E4 E C#(no3) D(no3)**

N.C.
Se ninguém olha quando você passa

Você logo acha

G(no3)
Tô carente

Bb(no3)   F(no3)   E(no3)
Sou manchete   popular

N.C.
Já me cansei de toda essa tolice,

           G(no3)
Babaquice

     Bb(no3) F(no3)   E(no3)
Essa eterna falta do que falar

Instrumental (2Xs): **E D/E A/E E4
G(add9) Bb(no3) F(no3) E(no3)**

Refrão

Instrumental (2Xs): **B/E* E* B/E* E*
A/E* D/E* A/E* D/E***

Refrão

Instrumental (2Xs): **E4 E D4/E D/E E4
E C#(no3) D(no3)**

♩ = 140
Instrumental
E 4 E D 4/E D/E E 4 E C♯(no3) D(no3)
N.C.
Voz
N.C. G(no3)
Se nin-guém o-lha quan-do você pas-sa Vo-cê lo-go a—cha A vi-da vol-
B♭(no3) F(no3) F(no3) E(no3) N.C.
-tou ao nor-mal A-que-la vi-da sem sen-ti-do Vol-ta sem pe-ri-go
G(no3) B♭(no3) F(no3) F(no3) E(no3) N.C.
A mes-ma vi-da, tu-do, tu-do sem-pre‿i-gual Se al-guém o-lha quan-do vo-cê pas-sa, Vo-cê lo-go diz
G(no3) B♭(no3) F(no3) F(no3) E(no3) N.C.
Pa-lha-ço Vo-cê a-cha que não tá le-gal Per-de lo-go a no-
N.C. G(no3) B♭(no3) F(no3) F(no3) E(no3)
-ção do pe-ri-go To-dos os sen-ti-dos Vo-cê pas-sa mal
A E/G♯ G D/F♯
Vi—da, lou—ca vi—da Vi-da bre—ve
Vi—da, lou—ca vi—da Vi-da‿i-men—sa
A E/G♯ G D/F♯
1.
Já que‿eu não pos—so te le—var Que-ro que você me le—ve

A E/G♯ G D/F♯
2.
Nin - guém vai nos per - do - ar Nos - so cri - me não com - pen - sa
4X (p/ Fim)
Instrumental
E 4 E D 4/E D/E E 4 E C♯(no3) D (no3)
Fim
N.C.
Voz
G (no3)
Se nin - guém o - lha quan - do vo - cê pas - sa Vo - cê lo - go a - cha Tô ca - ren - te
(Tacet 1ª vez)
B♭(no3) F (no3) F (no3) E (no3)
N.C.
Sou man - che - te po - pu - lar Já me can - sei de to - da es - sa to - li - ce, Ba - ba - qui(ce)
G (no3) B♭(no3) F (no3) F (no3) E (no3)
Instrumental
E D/E
Es - sa e - ter - na fal - ta do que fa - lar
A/E E 4 G (add9) B♭(no3) F (no3) F (no3) E (no3)
Ao 𝄋 e Φ
Φ
B/E E* E* B/E B/E E* A*/E D*/E D*/E A*/E A*/E D*/E
Instrumental
Ao 𝄋 e Fim

O último romântico

LULÚ SANTOS,
ANTÔNIO CÍCERO e
SÉRGIO SOUZA

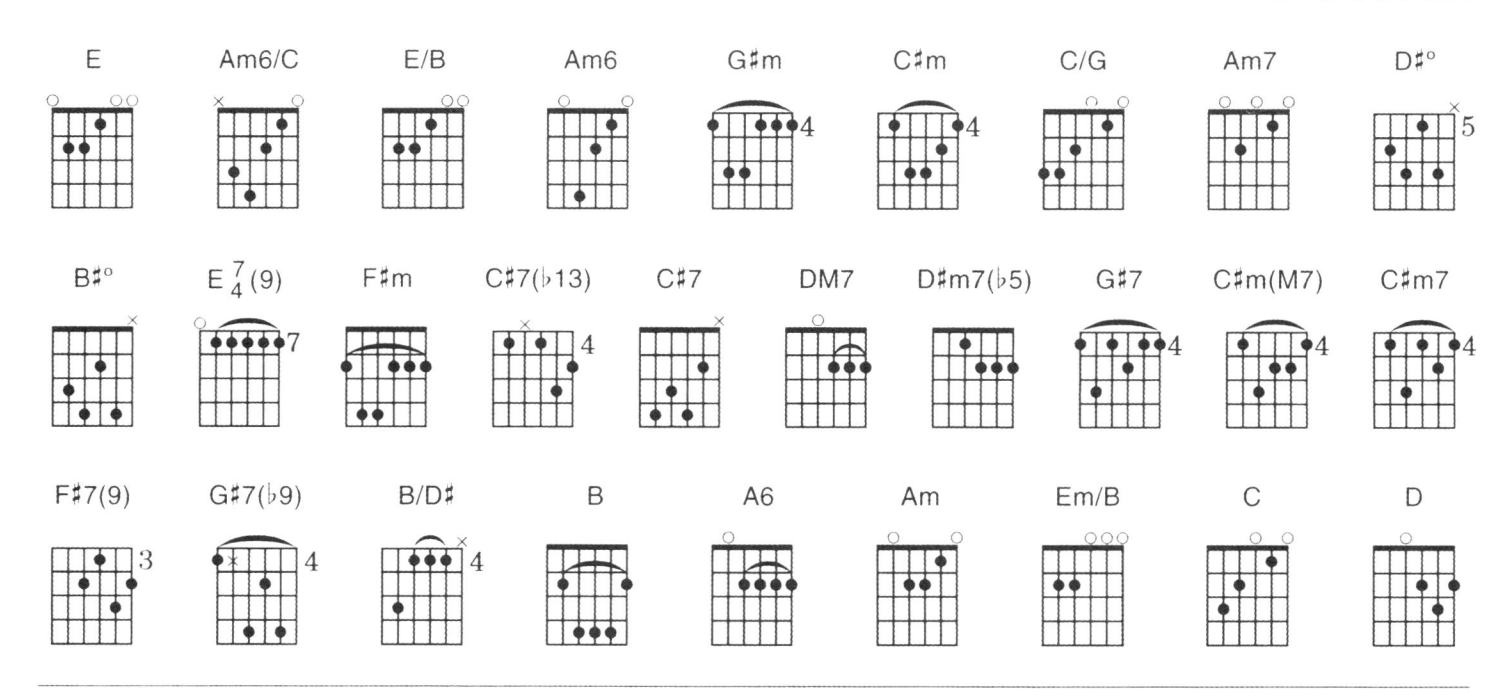

[Chord diagrams: E, Am6/C, E/B, Am6, G#m, C#m, C/G, Am7, D#°, B#°, E7/4(9), F#m, C#7(b13), C#7, DM7, D#m7(b5), G#7, C#m(M7), C#m7, F#7(9), G#7(b9), B/D#, B, A6, Am, Em/B, C, D]

Introdução: **E Am6/C E/B Am6 E G#m C#m G#m C/G Am7**

    E   **G#m**   **C#m**   **G#m**
Falta va abandonar   a velha esco la
    E   **D#°**   **B#°**   **C#m**   **E7/4(9)**
Tomar o mundo fei to Co ca-Co la
  F#m   **C#7(b13)**   **F#m**   **C#7**
Fazer da minha vi da sempre o meu   passeio público
  F#m   **DM7**   **D#m7(b5)**   **G#7**
E ao mesmo tempo, fa zer dela o meu   caminho só, público

Instrumental: **E Am6/C E/B Am6**

    E   **G#m**   **C#m**   **G#m**
Talvez eu seja o úl timo român tico
    E   **D#° B#°**   **C#m** **E7/4(9)**
Dos litorais desse O cea no Atlân tico
  F#m   **C#7(b13)**   **F#m**   **C#7**
Só falta reunir   a Zona Nor te e a Zona Sul
  F#m   **DM7**   **D#m7(b5)**   **G#7**
Iluminar a vi da já que a mor te cai do azul

   C#m   **C#m(M7)**
Só falta te querer
C#m7   **F#7(9)**
Te ganhar   e te perder
F#m
Falta eu acordar
       G#7(b9)   **G#7**
Ser gente grande pra poder chorar

     F#m E   **B/D#**   **B**
Me dá um bei jo então
      E   **G#m**   **A6**
Aperta a mi nha mão
     F#m   **G#7**   **C#m**
Tolice é viver a vi da assim
    C#7
Sem a ventura
F#m   **E**   **B/D#**   **B**
Dei xa ser
   G#7   **A6**
Pelo coração
    F#m **E**   **B/D#**
Se é loucu ra então
   B   **C/G**   **Am Em/B**
Melhor não ter   razão

Instrumental: **C D D#° E G#m C#m
G#m E D#° C#m E7 4(9) F#m C#7(b13)
F#m C#7 F#m DM7 D#m7(b5) G#7**

Só falta te querer *(etc.)*
... Melhor não ter razão

Instrumental: **C D D#° E**

Me dá um beijo então *(etc.)*
... Melhor não ter razão

Vocalize: **Am Em/B C D D#° E**

O último romântico

**LULÚ SANTOS,
ANTÔNIO CÍCERO e
SÉRGIO SOUZA**

♩ = 130

Fal-ta-va_a-ban-do-nar a ve-lha_es-co-la
vez eu se-ja_o úl-ti-mo ro-mân-ti-co

To-mar o mun-do fei-to Co-ca-Co-la Fa-
Dos li-to-rais des-se_O-ce-a-no_Atlân-ti-co Só

-zer da mi-nha vi-da sem-pre_o meu pas-sei-o pú-bli-co E_ao
fal-ta re-u-nir a Zo-na Nor-te_e_a Zo-na Sul I-

mes-mo tem-po, fa-zer de-la_o meu ca-mi-nho só pú-bli-co
-lu-mi-nar a vi-da já que_a mor-te cai do_a-zul Só

Copyright © 1984 by WARNER CHAPPELL EDIÇÕES MUSICAIS LTDA.
Copyright © 1984 by PEER MUSIC DO BRASIL EDIÇÕES MUSICAIS LTDA.
Todos os direitos autorais reservados para todos os países. *All rights reserved.*

Tal- fal-ta te_ querer___ Te ganhar___ e te perder___ Fal-ta eu a-cordar___ Ser gente grande pra poder chorar___ Me dá um bei-jo en-tão___ A-perta a minha mão___
Dei - xa ser___ Pe - lo co - ra - ção___
To-li-ce é viver___ a vi-da assim___ Sem a-ventu-ra Se é lou-cu-ra en-tão___ Melhor não ter___ ra-zão___

E
D♯°
C♯m
E 7/4(9)
Sax
F♯m
C♯7(♭13)
F♯m
C♯7
F♯m
DM7
D♯m7(♭5)
G♯7
Voz
Ao 𝄋 1 c/ rep. e 𝄌 1
Só
𝄌 1
C
D
D♯°
E
Voz
Ao 𝄋 2 c/ rep. e 𝄌 2
Me dá um
𝄌 2
C/G
Am
Vocalize
Em/B
ra - zão
Ô...
C
D
D♯°
E

Jardins da Babilônia

RITA LEE e
LEE MARCUCCI

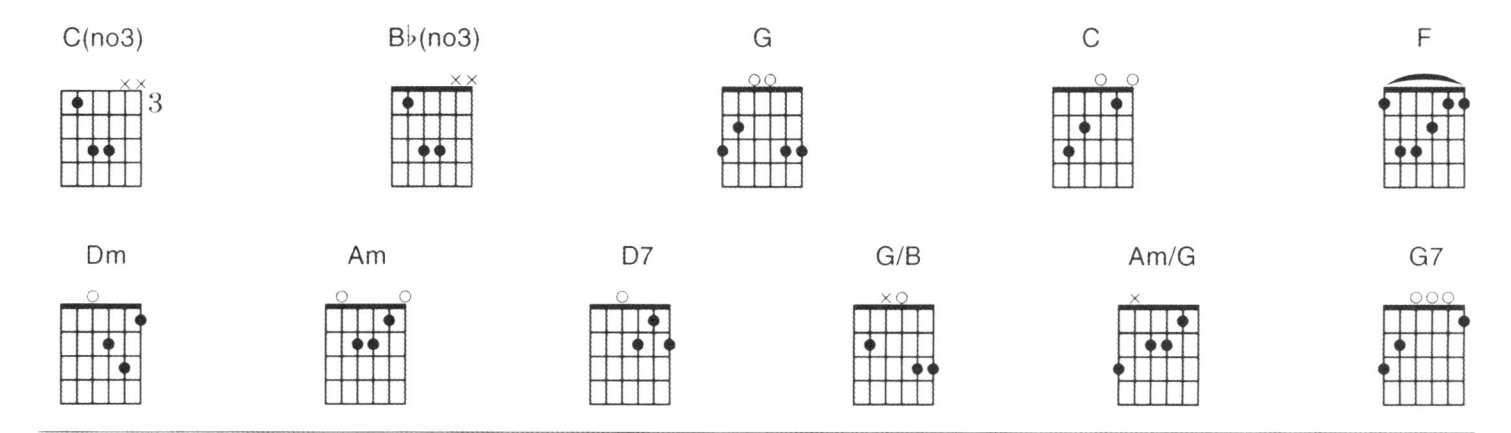

Introdução: **C(no3)　Bb(no3)　C(no3)**
Bb(no3)　C(no3)　G

C
Suspenderam os Jardins da Babilônia
　　F
C
E eu pra não ficar por baixo
G　　　　　　　　　　**F**
Resolvi botar as asas pra fora
G
Porque
　　　　　　C
Quem não chora dali

Não mama daqui
　　　F
Diz o ditado
　　　　　　C
Quem pode, pode
　　　　　Dm　　　**G**　　**C**
Deixa os acomodados que se incomodem

Am　　　　　　　　　**F**
　Minha saúde não é de ferro, não
Am　　　　　　　　　**D7**
　Mas meus nervos são de aço
　　　C　　　**G/B**　　　**Am**
　Pra pedir silên__cio, eu ber__ro
　　　Am/G　　　**D**
　Pra fazer barulho, eu mesma faço
　　　G7
　Ou não

C　　　　　　　　　　　　　　**F**
Mas pegar fogo nunca foi atração de circo
C
Mas de qualquer maneira
G　　　　　　　　　　　**F**
Pode ser um caloroso espetáculo
G
Então
　　　　C
O palhaço ri dali

O povo chora daqui
　　　　　F
E o show não pára
　　　　　C
E apesar dos pesares do mundo
Dm　　**G**　　**C**
Vou segurar essa barra

　Minha saúde não é de ferro, não *(etc.)*

Instrumental: **C F C G F G C F C Dm G C**
　　　　　　　　Am F Am D7 C G/B Am
　　　　　　　　Am/G D G7

Suspenderam os Jardins da Babilônia *(etc.)*

　　　C
Tss, tss, ah!

Jardins da Babilônia

RITA LEE e
LEE MARCUCCI

♩ = 126

Sus-pen-de-ram os___ Jar-dins___ da Ba-bi-lô-nia___ E eu pra não fi-car por bai-xo re-sol--vi bo-tar as a-sas pra fo- ra Por - que (é) Quem não cho-ra da-li___ Não ma-ma da-qui___ Diz o di--ta-do Quem po-de, po-de Dei-xa os a-co-mo-da-dos que se in-co-mo-dem Mi-nha sa-ú-de não é de fer-ro, não___ Mas meus ner-vos são de a-ço Pra pe-dir si-lên-cio, eu ber-ro Pra fa-zer ba-ru-lho eu mes-ma fa-ço___ Ou não Mas___

Copyright © 1978 by WARNER CHAPPELL EDIÇÕES MUSICAIS LTDA.
Todos os direitos autorais reservados para todos os países. *All rights reserved.*

C F
Xilofone
pe - gar fo - go nun - ca foi a - tra - ção de cir - co
Voz
C G
Mas de qual - quer ma - nei - ra Po - de ser um ca - lo - ro - so‿es - pe -
F G C F
-tá - cu - lo En - tão O pa - lha - ço ri da - li O po - vo cho - ra da - qui E‿o show não pá - ra
C Dm G C
E a - pe - sar dos pe - sa - res do mun - do Vou se - gu - rar es - sa bar - ra
Ao 𝄋1 e 𝄌1
C F C
Improviso de sax
G F G Dm G C
Am F Am D7 C G/B
Improviso de guitarra
Am Am/G D G7
Ao 𝄋2 e 𝄌2
𝄌2 C C
Piano
Tss, tss, ah!

Eu nasci há dez mil anos atrás

RAUL SEIXAS e
PAULO COELHO

FALADO:

Um dia
C

Numa rua da cidade
F

Eu vi um velhinho sentado na calçada
G

Com uma cuia de esmola e uma viola na mão
D

O povo pra ouvir

Ele agradeceu as moedas e cantou essa música
E

Que contava uma história
E7

Que era mais ou menos assim:

REFRÃO (2Xs):

Eu nasci
A

Há dez mil anos atrás
D   **A D E7**

E não tem nada nesse mun_do
A   **D**

Que eu não saiba demais
E

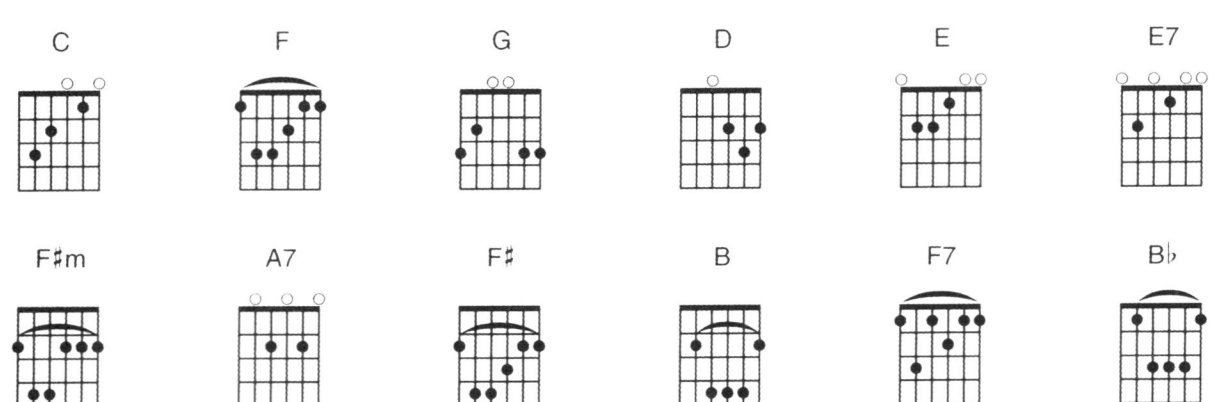

Eu vi Cristo ser crucificado
D

O amor nascer e ser assassinado
A   **F#m**

Eu vi as bruxas pegando fo__go
E   **E7**

Pra pagarem seus pecados
A

Eu vi
A7

Eu vi Moisés cruzar o Mar Vermelho
D

Vi Maomé cair na terra de joelhos
A   **F#m**

Eu vi Pedro negar Cristo por três vezes
B   **E7**

Diante do espelho
A

Eu vi
E7

REFRÃO com coro (2Xs):

Eu nasci
A

(Eu nasci)

Há dez mil anos atrás
D   **A**

(Eu nasci há dez mil a__nos)
D   **E7**

E não tem nada nesse mun_do
A   **D**

Que eu não saiba demais
E

Eu vi as ve_las se acenderem para o Papa
D

Vi Babilônia ser riscada do mapa
A   **F#m**

Vi Conde Drácula sugando sangue novo
E   **E7**

E se escondendo atrás da capa
A

Eu vi
A7

Eu vi a Ar_ca de Noé cruzar os mares
D

Vi Salomão cantar seus salmos pelos ares
A   **F#**

Eu vi Zumbi fugir com os negros pra floresta
B   **E7**

Pro Quilombo dos Palmares
A

Eu vi
E7

Refrão com coro (2Xs)

     D
Eu vi o sangue que corria da montanha
 A   **F#m**
Quando Hitler chamou toda a Alemanha
E   **E7**
Vi o soldado que sonhava com a amada
        A
Numa cama de campanha
   A7
Eu li
     D
Eu li os símbolos sagrados de Umbanda
 A   **F#**
Eu fui criança pra poder dançar ciranda
  B   **E7**
E quando todos praguejavam contra o frio
      A   **E7**
Eu fiz a cama na varanda

N.C.
Duas vezes:
Eu nasci
(Eu nasci)
Há dez mil anos atrás
(Eu nasci há dez mil anos atrás)
E não tem nada nesse mundo
Que eu não saiba demais

      E   **D**
Eu tava junto com os macacos na caverna
 A   **F#m**
Eu bebi vinho com as mulheres na taberna
    E   **E7**
E quando a pedra despencou da ribanceira

                   A
Eu também quebrei a perna
         A7
Eu também
        D
Eu fui testemunha do amor de Rapunzel
    A   **F#**
Eu vi a estrela de Davi brilhar no céu
     B   **E7**
E pr'aquele que provar que tô mentindo
     A   **F7**
Eu tiro o meu chapéu

REFRÃO com coro (2Xs):
    Bb
Eu nasci
(Eu nasci)
  Eb   **Bb**
Há dez mil anos atrás
             Eb   **F7**
(Eu nasci há dez mil anos atrás)
  Bb   **Eb**
E não tem nada nesse mundo
            F7
Que eu não saiba demais

Repete e fade out:
  Bb
Eu nasci
  Eb   **Bb Eb F7**
Há dez mil anos atrás
  Bb   **Eb**
E não tem nada nesse mundo
            F7
Que eu não saiba demais

♩ = 136

N.C. — Bateria e sino

C — Violão

Falado: Um dia, numa rua da cidade

F — eu vi um velhinho / sentado na calçada

G — com uma cuia de esmola / e uma viola na mão.

D — O povo parou pra ouvir;

E — ele agradeceu as moedas / e cantou essa música

que contava uma história / que era mais ou menos

E7 — assim:

Voz — Eu nas-ci

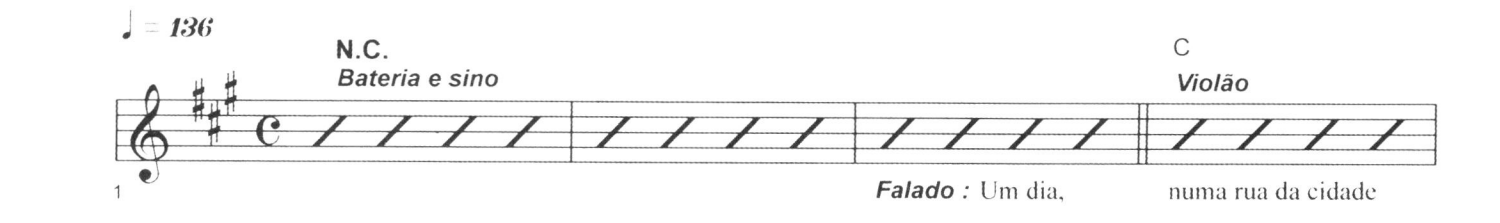

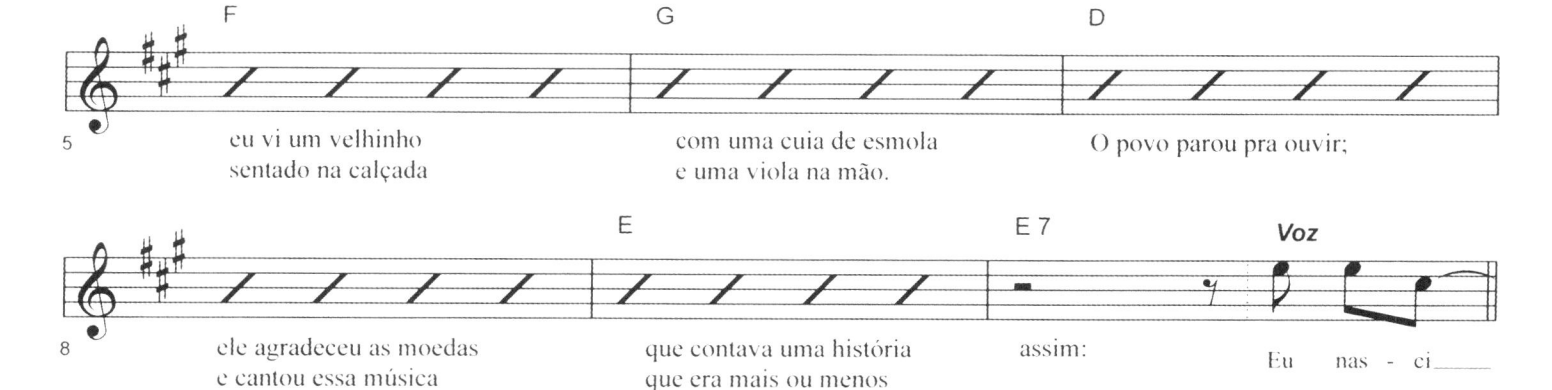

Copyright © 1976 by WARNER CHAPPELL EDIÇÕES MUSICAIS LTDA.
Todos os direitos autorais reservados para todos os países. *All rights reserved.*

A D A D E7 A
Há dez mil a - nos a-trás
E não tem na-da nes-se mun-
D E E E
1. 2.
do Que_eu não sai-ba de-mais
Eu nas-ci
Eu vi
D A F♯m
Cris-to ser cru-ci-fi-ca-do
O a-mor nas-cer e ser as-sas-si-na-do
Eu vi as
E E7 A A7
bru-xas pe-gan-do fo-go Pra pa-ga-rem seus pe-ca-dos
Eu vi
Eu vi Moi-
D A F♯m
-sés cru-zar o Mar Ver-me-lho
Vi Ma-o-mé ca-ir na ter-ra de jo-e-lhos
Eu vi
B E7 A E7
Pe-dro ne-gar Cris-to por três ve-zes
Di-an-te do es-pe-lho
Eu vi
Eu nas-ci
A D A D E7
Voz
Há dez mil a - nos a-trás
E não
Coro Eu nas-ci
Eu nas-ci há dez mil a - nos
A D E E
1.
tem na-da nes-se mun - do Que_eu não sai-ba de-mais
Eu nas-ci

Eu vi as velas se acenderem para o Papa Vi Babilônia ser riscada do mapa Vi Conde Drácula sugando sangue novo E se escondendo atrás da capa Eu vi Eu vi a Arca de Noé cruzar os mares Vi Salomão cantar seus salmos pelos ares Eu vi Zumbi fugir com os negros pra floresta Pro Quilombo dos Palmares Eu vi Eu nasci

Coro Uh Uh Uh Uh

Voz Há dez mil anos atrás Eu nasci há dez mil anos

Coro Eu nasci

E não tem nada nesse mundo que eu não saiba demais Eu nasci

Eu vi o sangue que corria da montanha Quando Hitler chamou toda a Ale-

Coro Uh Uh Uh Uh

| F#m | E | E7 |

73 -ma-nha Vi_o sol-da_do que so-nha-va com_a a-ma-da Nu-ma ca-ma de cam-

| A | A7 | D |

76 -pa-nha Eu li Eu li os sim-bo-los sa-gra-dos de Um-ban-da Eu fui cri-

| A | F# | B | E7 |

80 -an-ça pra po-der dan-çar ci-ran-da E quan-do to-dos pra-gue-ja-vam con-tra o fri-o Eu fiz a ca-ma na va-

| A | E7 | N.C. | *Voz* |

84 -ran-da Eu nas-ci Há dez mil a_nos a-trás
Coro Eu nas-ci

88 Eu nas-ci há dez mil a-nos a-trás E não tem na-da nes-se mun-

|1. |2.

91 -do que_eu não sai-ba de-mais Não Não por-que Eu nas-ci Não, não

| E | D | *Segue coro simile* |

95 Eu ta-va jun-to com_os ma-ca-cos na ca-ver-na Eu be-bi
Coro Uh Uh

| A | F#m | E |

98 vi-nho com_as mu-lhe-res na ta-ber-na E quan-do_a pe-dra des-pen-cou da ri-ban-

-cei-ra Eu tam-bém que-brei a per - na Eu tam - bém Eu fui___ tes - te - mu-nha do a-mor de Ra-pun-

-zel Eu___ vi a_es - tre - la de Da - vi bri-lhar no céu E pr'a que___

___-le que pro-var que_eu tô men - tin - do Eu ti-ro_o meu cha - péu

Coro Eu nas ci -

Voz
Eu nas-ci Eu nas-ci há dez___ mil a__ - nos a-trás
Coro Há dez mil a__- nos a-trás___ E não

tem na-da nes-se mun___ - do que_eu não sai-ba de-mais Eu nas-ci___ há dez___ mil a__ - nos a-trás___ Eu nas-ci

Segue improviso de voz *Coro*
E não tem na-da
Há dez mil a___- nos a-trás E não tem-

___ na-da nes-se mun___ - do que_eu não sai-ba de-mais Eu nas-ci
Fade out

125

Flores

CHARLES GAVIN, TONY BELLOTTO,
PAULO MIKLOS e SÉRGIO BRITO

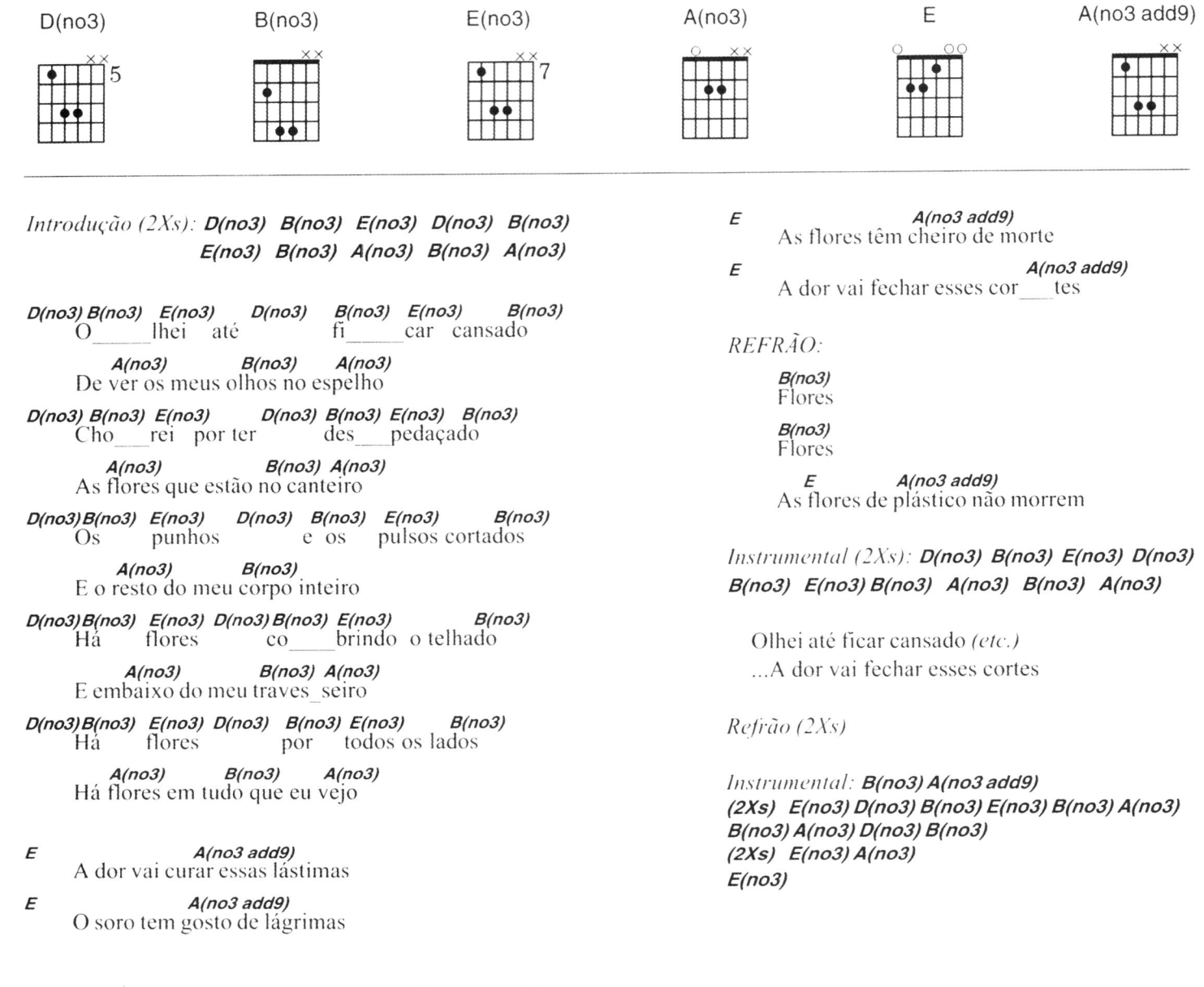

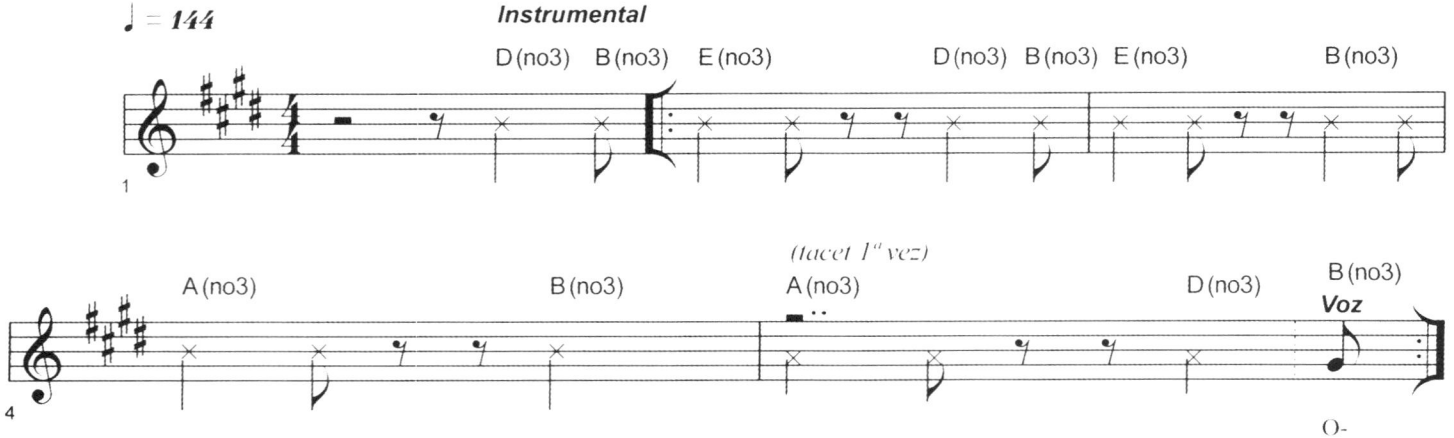

D(no3)　　B(no3)　　E(no3)　　A(no3)　　E　　A(no3 add9)

Introdução (2Xs): **D(no3) B(no3) E(no3) D(no3) B(no3)**
E(no3) B(no3) A(no3) B(no3) A(no3)

D(no3) B(no3) E(no3)　D(no3) B(no3) E(no3)　B(no3)
　O＿＿lhei　até　　fi＿＿car　cansado
　　　A(no3)　　B(no3)　A(no3)
　De ver os meus olhos no espelho

D(no3) B(no3) E(no3)　D(no3) B(no3) E(no3)　B(no3)
　Cho＿＿rei　por ter　　des＿＿pedaçado
　　　A(no3)　　B(no3)　A(no3)
　As flores que estão no canteiro

D(no3)B(no3) E(no3)　D(no3) B(no3) E(no3)　B(no3)
　Os　　punhos　　e os　　pulsos cortados
　　　A(no3)　　B(no3)
　E o resto do meu corpo inteiro

D(no3)B(no3) E(no3) D(no3) B(no3) E(no3)　B(no3)
　Há　　flores　co＿＿brindo o telhado
　　　A(no3)　　B(no3)　A(no3)
　E embaixo do meu traves_seiro

D(no3)B(no3) E(no3) D(no3) B(no3) E(no3)　B(no3)
　Há　　flores　　por　todos os lados
　　　A(no3)　　B(no3)　A(no3)
　Há flores em tudo que eu vejo

　E　　　　A(no3 add9)
　A dor vai curar essas lástimas

　E　　　　A(no3 add9)
　O soro tem gosto de lágrimas

　E　　　　A(no3 add9)
　As flores têm cheiro de morte

　E　　　　A(no3 add9)
　A dor vai fechar esses cor＿＿tes

REFRÃO:

　B(no3)
　Flores

　B(no3)
　Flores

　　E　　A(no3 add9)
　As flores de plástico não morrem

Instrumental (2Xs): **D(no3) B(no3) E(no3) D(no3)**
B(no3) E(no3) B(no3) A(no3) B(no3) A(no3)

　Olhei até ficar cansado *(etc.)*
　...A dor vai fechar esses cortes

Refrão (2Xs)

Instrumental: **B(no3) A(no3 add9)**
(2Xs) E(no3) D(no3) B(no3) E(no3) B(no3) A(no3)
B(no3) A(no3) D(no3) B(no3)
(2Xs) E(no3) A(no3)
E(no3)

♩ = 144　　**Instrumental**

Copyright © 1989 by WARNER CHAPPELL EDIÇÕES MUSICAIS LTDA.
Todos os direitos autorais reservados para todos os países. *All rights reserved.*

E (no3) D (no3) B (no3) E (no3) B (no3) A (no3) B (no3)
6
-lhei a - té fi - car can - sa - do De ver os meus o - lhos no͜ es -
-rei por ter des - pe - da - ça - do As flo - res que͜ es tão no can -
A (no3) D (no3) B (no3) E (no3) D (no3) B (no3) E (no3) B (no3)
9
-pe - lho Cho - pu - nhos e͜ os pul - sos cor - ta - dos E͜ o
-tei - ro Os
A (no3) B (no3) A (no3) D (no3) B (no3) E (no3) D (no3) B (no3) E (no3) B (no3)
12
res - to do meu cor - po͜ in - tei - ro Há flo - res co - brin - do͜ o te - lha - do E͜ em -
A (no3) B (no3) A (no3) D (no3) B (no3) E (no3) D (no3) B (no3) E (no3) B (no3)
16
-bai - xo do meu tra - ves - sei - ro Há flo - res por to - dos os la - dos Há
A (no3) B (no3) A (no3) E A (no3 add 9) E
20
flo - res em tu - do que͜ eu ve - jo A dor vai cu - rar es - sas lás - ti - mas O so - ro tem gos -
A (no3 add 9) E A (no3 add 9) E
25
-to de lá - gri - mas As flo - res têm chei - ro de mor - te A dor vai fe - char es - ses cor -
A (no3 add 9) B (no3) B (no3) N.C. E
29
-tes Flo - res Flo - res As flo - res de

A (no3 add 9)
D (no3) B (no3)
E (no3) D (no3) B (no3)
Improviso de sax
plás - ti - co___ não mor - rem
E (no3) B (no3) A (no3) B (no3) A (no3) D (no3) B (no3)
E (no3) D (no3) B (no3) E (no3) B (no3) A (no3) B (no3) A (no3) D (no3) B (no3)
Voz
O-
Ao c/ rep. e
B (no3) B (no3) N.C. E A (no3 add 9)
mor - rem Flo___ - res Flo___ - res As flo-res de plás-ti-co___ não
B (no3) B (no3) N.C. A (no3 add 9)
mor - rem
E (no3) D (no3) B (no3) E (no3) B (no3) A (no3) B (no3) A (no3) D (no3) B (no3)
Instrumental
E (no3) A (no3) E (no3)

Te ver

SAMUEL ROSA e
CHICO AMARAL

B   C#m7

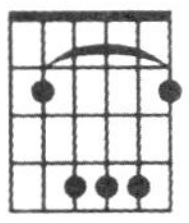

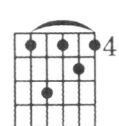

Introdução (4Xs): **B C#m7**

REFRÃO (2Xs):

B
    Te ver e não te querer
C#m7
    É improvável, é impossível
B
    Te ter e ter que esquecer
C#m7
    É insuportável, é dor incrível

B   **C#m7**
   É como mergulhar no rio e não se molhar
B   **C#m7**
   É como não morrer de frio no gelo polar
B   **C#m7**
   É ter o estômago vazio e não almoçar
B   **C#m7**
   É ver o céu se abrir no estio e não se animar

Refrão (uma vez) e **B C#m7 B C#m7**

B   **C#m7**
   É como esperar o prato e não salivar
B   **C#m7**
   Sentir apertar o sapato e não descalçar
B   **C#m7**
   É ver alguém feliz de fato sem alguém pra amar
B   **C#m7**
   É como procurar no mato, estrela do mar

Refrão (uma vez) e **B C#m7 B C#m7**

B   **C#m7**
   É como não sentir calor em Cuiabá
B   **C#m7**
   Ou como no Arpoador, não ver o mar
B   **C#m7**
   É como não morrer de raiva com a política
B   **C#m7**
   Ignorar que a tarde vai vadia e mítica

B   **C#m7**
   É como ver televisão e não dormir
B   **C#m7**
   Ver um bichano pelo chão e não sorrir
B   **C#m7**
   É como não provar o néctar de um lindo amor
B   **C#m7**
   Depois que o coração detecta a mais fina flor

Refrão (2Xs)

Instrumental Rep. ad libitum:
B C#m7   *fade out*

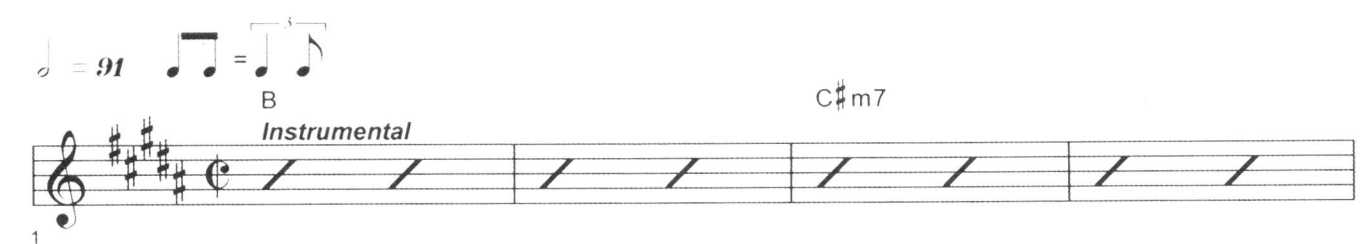

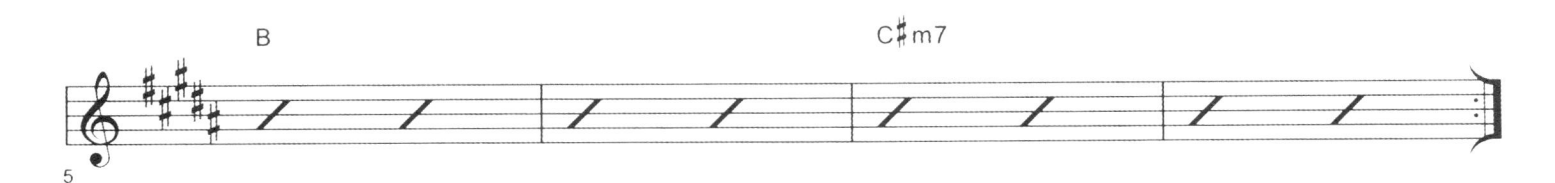

Copyright © 1994 by SONY MUSIC EDIÇÕES MUSICAIS LTDA.
Todos os direitos autorais reservados para todos os países. *All rights reserved.*

B
Voz
C♯m7
Te ver e não te que-rer É im-pro-vá-vel_é im-pos-sí-vel
B
C♯m7
1
2
Te ter e ter que_es-que-cer É_in-su-por-tá-vel_é dor-in-crí-vel dor in-crí-vel
B
C♯m7
É co-mo mer-gu-lhar no ri-o e não se mo-lhar É co-mo não mor-
-rer de fri-o no ge-lo po-lar É ter o_es-tô-ma-go va-zi-o e
não al-mo-çar É ver o céu se_a-bri no_es-ti-o e não se_a-ni-mar
Te ver e não te que-rer É im-pro-vá-vel_é im-pos-sí-vel
Te ter e ter que_es-que-cer É_in-su-por-tá-vel_é
2.
Instrumental
dor in-crí-vel
Voz
É co-mo_es-pe-rar o pra-to e não sa-li-var Sen-tir a-per-tar o sa-pa-to e
não des-cal-çar É ver al-guém fe-liz de fa-to sem al-guém pra_a-mar

É co-mo pro-cu-rar no ma-to, es-tre-la do mar

É co-mo não sen-tir ca-lor em Cui-a-bá   Ou co-mo no Ar-po-a-dor,

não ver o mar   É co-mo não mor-rer de rai-va com a po-lí-ti-ca

Ig-(g)no-rar que_a tar-de vai va-di-a e mí-ti-ca   É co-mo ver te-

-le-vi-são e não dor-mir   Ver um bi-cha-no pe-lo chão e

não sor-rir   É co-mo não pro-var o néc-tar de_um lin-do_a-mor

De-pois que_o co-ra-ção de-tec-ta a mais fi-na flor

Rep. ad libitum
Instrumental

Fade out

I saw you saying

(That you say that you saw)

RODOLFO e
GABRIEL THOMAZ

Bm   D   A   G   F#m   C#m   E   A6

Introdução: **Bm D A G A F#m A F#m**

      A   **F#m**
Reconheci

A   **F#m**
A Madonna ali parada no jardim

      A   **F#m**
Não resisti

      A   **F#m**
Fui perguntar o que ela achava de mim

C#m   **D**
Eu não sei falar inglês

Bm
Ela não entende

E
Uma palavra em português

REFRÃO:

  A   **F#m**
I saw you saying that you say that you saw

           A
I saw you say_ing

                     F#m
I saw you saying that you say that you saw

        Bm
And I feel good

I feel good

D   **Bm**
Because you put your butt on me

I feel good

D   **A**
Because you put your butt on me

Instrumental (4Xs): **A F#m**

C#m   **D**
Perguntei para o meu pai

Bm
O que ela me disse

E
Ela disse, meu rapaz

A   **F#m**
I saw you saying that you say that you saw

          A
I saw you say_ing

                     F#m
I saw you saying that you say that you saw

        Bm
And I feel good

I feel good

D   **Bm**
Because you put your butt on me

I feel good

D
Because you put your butt on me

I feel good

Because you put your butt on me

Instrumental: **A F#m A F#m A Bm D E**

A   **F#m**
The hula hula song

               A
Make me feel the strong

          F#m
The hula hula hey

                A
Goodbye I'm going away

A   **F#m**
The hula hula song

               A
Make me feel the strong

          F#m
The hula hula hey

              Bm
Goodbye I'm going away

D   **Bm**
Because you put your butt on me

D   **Bm**
You know you put your butt on me

D   **A**
You know you put your butt on me

        F#m
Shalala, la, la, la, la

D   **E**   **A**   **A6**
Yeah, yeah, yeah, yeah, yeah

Copyright © 1995 by WARNER CHAPPELL EDIÇÕES MUSICAIS LTDA.
Todos os direitos autorais reservados para todos os países. *All rights reserved.*

D A Guitarra
33
Be - cau - se_you put your butt on___ me
A F♯m A F♯m F♯m
1. 2.
Ao 𝄋 e 𝄌
36
𝄌
D Guitarra
41
Be-cau-se_you put your butt on me I feel good
rall.
Be-cau-se_you put your butt on___
A F♯m A F♯m A Bm D
Improviso de guitarra
45
a tempo
E A F♯m A
Voz
52
The hu-la hu-la song Make me feel the strong The hu-la hu-la
F♯m A Bm D
1. 2.
Voz
Coro
57
hey Good bye I'm__ going a - way The hu-la hu-la way Be-cau-se_you put your butt on
Ah___
Bm D Bm D
61
rall.
me You know you put your butt on me__ You know you put your butt on
Ah_______ Ah_______
A F♯m D E A A6
Voz
65
a tempo
me______________________ Yeah, yeah, yeah, yeah, yeah
Sha - la - la - la - la - la - la

Hey Joe

BILL ROBERTS
Versão: IVO MEIRELLES e
MARCELO YUKA

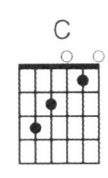

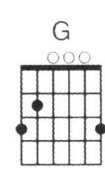

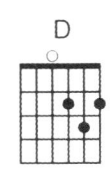

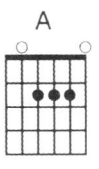

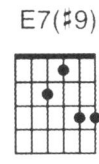

[Chord diagrams: C, G, D, A, E7(#9)]

Introdução (2Xs): **C G D A E7(#9)**

C   **G**
  Hei, Joe
D   **A**   **E7(#9)**
  Onde é que você vai com essa arma aí na mão
C   **G**
  Hei, Joe
D   **A**   **E7(#9)**
  Esse não é o atalho pra sair dessa condição

Resposta (falando):
  Dorme com tiro, acorda ligado
  Tiro com tiro, trique-traque, bum para todo lado

C   **G**
  Ê, irmão, é
D   **A**   **E7(#9)**
  Só desse jeito consegui impor minha moral
C   **G**
  Eu sei
D   **A**   **E7(#9)**
  Que sou caçado e visto sempre como um animal

Resposta:
  Sirene ligada, os homi chegando
  Trique-traque, bum, bum
  Mas eu tô me mandando

C   **G**
  Hei, Joe
D   **A**   **E7(#9)**
  Assim você não curte o brilho intenso da manhã
C   **G**
  Hei, Joe
D   **A**   **E7(#9)**
  O que teu filho vai pensar quando a fumaça baixar

Resposta:
  Fumaça de fumo, fogo de revólver
  É assim que eu faço
  Eu faço a minha história

C   **G**
  Meu irmão,
D   **A**   **E7(#9)**
  Aqui estou por causa dele e eu vou te dizer
C   **G**
  Talvez,
D   **A**   **E7(#9)**
  Eu não tenha vida mas é assim que vai ser

Resposta:
  Armamento pesado, boca fechada
  Eu quero é mais ver, vai, vai ser difícil me vencer

C   **G**
  Hei, Joe
D   **A**   **E7(#9)**
  Muitos castelos já caíram e você tá na mira

Resposta: Tá na mira, tá na mira, tá na mira

C   **G**
  Hei, hei, hei, hei, Joe
D   **A**   **E7(#9)**
  Muitos castelos já caíram e você tá na mira

REFRÃO (2Xs):
  C   **G**
  Também morre quem atira
  D   **A**
  Também morre quem atira
  E7(#9)
  Também morre quem atira

  Também morre quem atira

C   **G**
Menos de 5% dos caras do local
D   **A**
São dedicados a alguma atividade marginal
E7(#9)
E impressionam quando aparecem no jornal

Tapando a cara com trapo, com uma Uzi na mão
C   **G**
Parecendo árabes, árabes, árabes do caos
D   **A**
Sinto muito cumpadi, mas é burrice pensar
E7(#9)
Que esses caras é que são os donos da biografia

Que a grande maioria daria um livro por dia
C   **G**
Sobre arte, honestidade e sacrifício
D
Sacrifício
A   **E7(#9)**
Arte, honestidade e sacrifício

Refrão (fade out)

Hey Joe

BILL ROBERTS.
Versão: IVO MEIRELLES e
MARCELO YUKA

♩ = 82

Uh___

Hei,___ Joe___ On-de é que vo-cê vai com es-sa ar-ma_a-i na mão___

Hei,___ Joe___ Es-se não é o a-ta___-lho pra sa-ir des-sa con-di-ção___

Dor-me com ti-ro_a-cor-da li-ga-do Ti-ro com ti-ro Tri-que, tra-que, bum Pa-rar to-do la(do)___

Ê ir___-mão, é___ Só des-se jei-to con-se-gui im-por___ mi-nha mo-ral___ Eu___ sei___

Que sou ca-ça-do_e vis___-to sem-pre co-mo_um a-ni-mal___

Si-re-ne li-ga-da_Os ho-mi che-gan-do Tri-que, tra-que, bum, bum___ Mas eu vou me man-tan(do)

Hei,___ Joe___ As-sim vo-cê não cur-te_o bri-lho_in-ten___-so da

Copyright ©1996 by THIRD PALM MUSIC/EDIT. IMPORT. MUSICAL FERMATA DO BRASIL.
Todos os direitos autorais reservados para todos os países. *All rights reserved.*

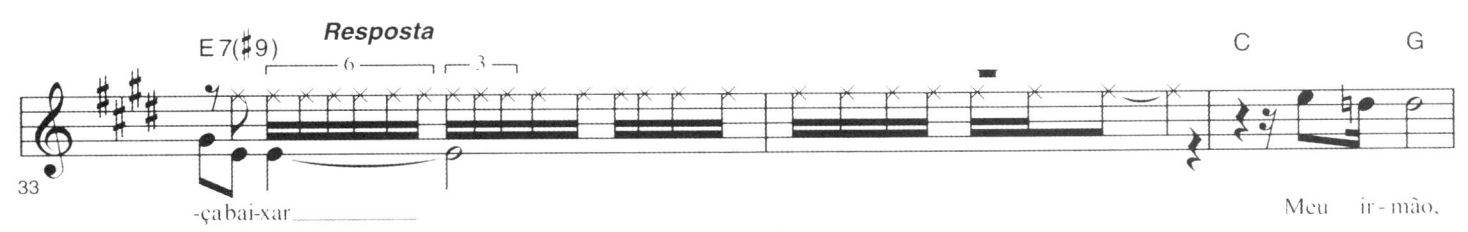

ma-nhã___ Hei,_ Joe___ O que teu fi-lho vai pen-sar quan-do a___ fu-ma-ça bai-xar___

Fu-ma-ça de fu-mo, fo-go de re-vól-ver. E é as-sim que eu faço. Eu faço a mi-nha his-tó(ria)

Meu ir-mão, A-qui es-tou por cau-sa de-le e eu___ vou te di-zer___ Tal___ vez,

Eu não te-nha vi-da mas___ é as-sim que vai ser___

Ar - ma-men-to pe-sa-do bo-ca fe-cha-da. Eu que-ro é mais ver

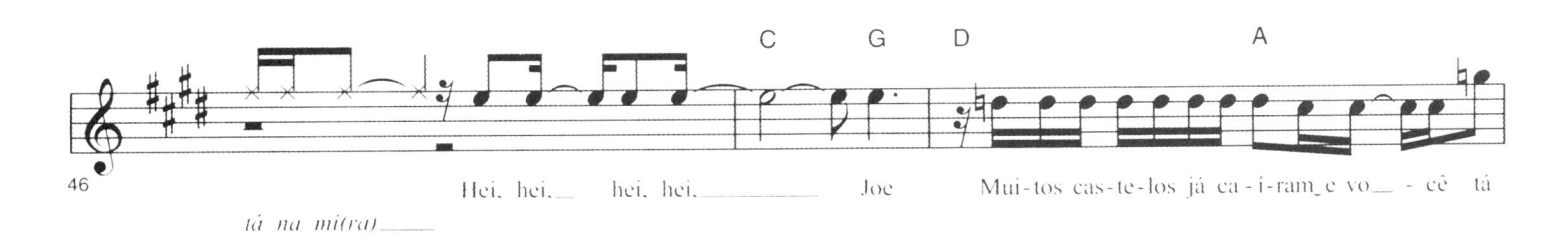

Hei,___ Joe Mui-tos cas-te-los já ca-í-ram e vo___-cê tá na mi-ra___

Vai ser difícil me vencer   *Tá na mi-ra, tá na mi-ra,*

Hei, hei,___ hei, hei,___ Joe Mui-tos cas-te-los já ca-í-ram e vo___-cê tá na mi___-ra___ Tam-bém mor-re quem___ a-ti-ra Tam-bém mor-re quem___ a-ti-ra Tam-bém

tá na mi(ra)___

137

E 7(#9) *(tacet 2ª vez)*

53 mor - re quem___ a - ti - ra   Tam - bém   mor - re quem___ a - ti - ra   Tam - bém

Fade out p/ Fim

C   G   D   A

55 Me-nos de cin-co por cen-to dos ca-ras do lo-cal São de-di - ca-dos a al-gu-ma a-ti-vi-da-de mar-gi-nal E im-

E 7(#9)

57 -pres-si - o-nam quan-do a-pa-re-cem no jor-nal Ta-pan-do a ca-ra com tra-po, com u-ma U-zi na mão Pa-re-

C   G   D   A

59 -cen-do á - ra-bes, á - ra-bes, á - ra-bes do caos Sin-to mui-to cum-pa-di, mas é bur-ri-ce pen-sar Que es-ses

E 7(#9)

61 ca-ras é que são os do-nos da bi - o-gra-fi - a Já Que a gran-de mai-o-ri-a da-ri-a um li-vro por di-a So-bre

C   G   D   A   E 7(#9)

Ao 𝄋 e Fim

63 ar-te, ho-nes-ti-da-de e sa-cri-fí-cio sa-cri - fí-cio Ar-te, ho-nes-ti-da-de e sa-cri - fí-cio___ Tam-bém

Só você

VINÍCIUS CANTUÁRIA

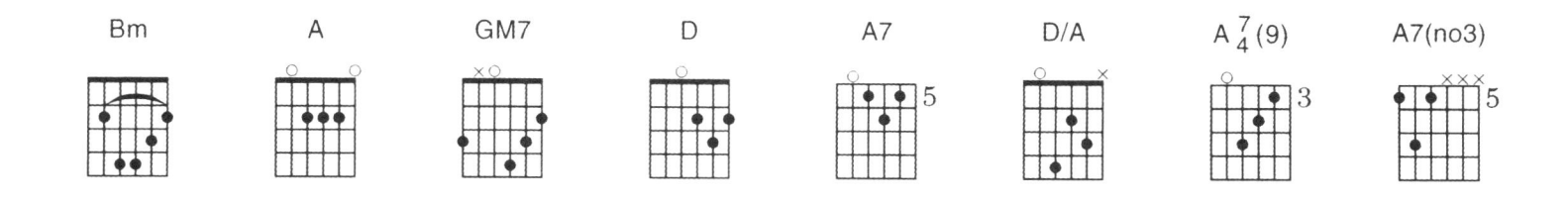

Bm   A   GM7   D   A7   D/A   A7/4(9)   A7(no3)

Introdução (4Xs): **Bm A GM7 A**

Bm   A   GM7   A
Demorei muito pra te encontrar
Bm   A   GM7 A
Agora eu quero só você
Bm   A   GM7   A
Teu jeito todo especial de ser
Bm   A   GM7
Eu fico louco com você

D   A   Bm   GM7
Te abraço e sinto coisas que eu não sei dizer
D   A   Bm   GM7
Só sinto com você
D   A   Bm   GM7
Meu pensamento voa de encontro ao teu
D   A   Bm   GM7
Será que é sonho meu

Bm   A   GM7   A
Tava cansado de me preocupar
Bm   A   GM7 A
Tantas vezes eu dancei
Bm   A   GM7   A
E tantas vezes que eu só fiquei
Bm   A   GM7
Chorei, chorei

D   A   Bm   GM7
Agora eu quero ir fundo lá na emoção
D   A   Bm GM7
Mexer teu coração
D   A   Bm   GM7
Salta comigo, alto, todo mundo vê
D   A   Bm GM7
Que eu quero só você

Instrumental: **A7 D/A A7/4(9) A7(no3) 4x**
          Bm A GM7 A 4x

Te abraço e sinto coisas que eu não sei dizer *(etc.)*
...Que eu quero só você

Instrumental fade out: **A7 D/A A7/4(9) A7(no3)**

Só você

VINÍCIUS CANTUÁRIA

Demorei muito pra te encontrar
Agora eu quero só você
Tava cansado de me preocupar
Tantas vezes eu dancei

Teu jeito todo especial de ser
Eu fico louco com você
E tantas vezes que eu só fiquei
Chorei, chorei

Te abraço e sinto coisas que eu não sei dizer
Só sinto com você
Agora eu quero ir fundo lá na emoção
Mexer teu coração

Meu pensamento voa de encontro ao teu
Será que é sonho meu
Salta comigo, alto, todo mundo vê
Que eu quero só você

Só você

Fade out

Malandragem

FREJAT e
CAZUZA

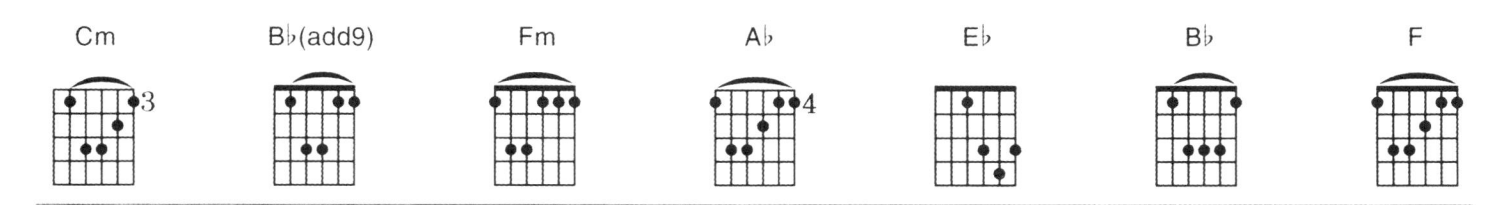

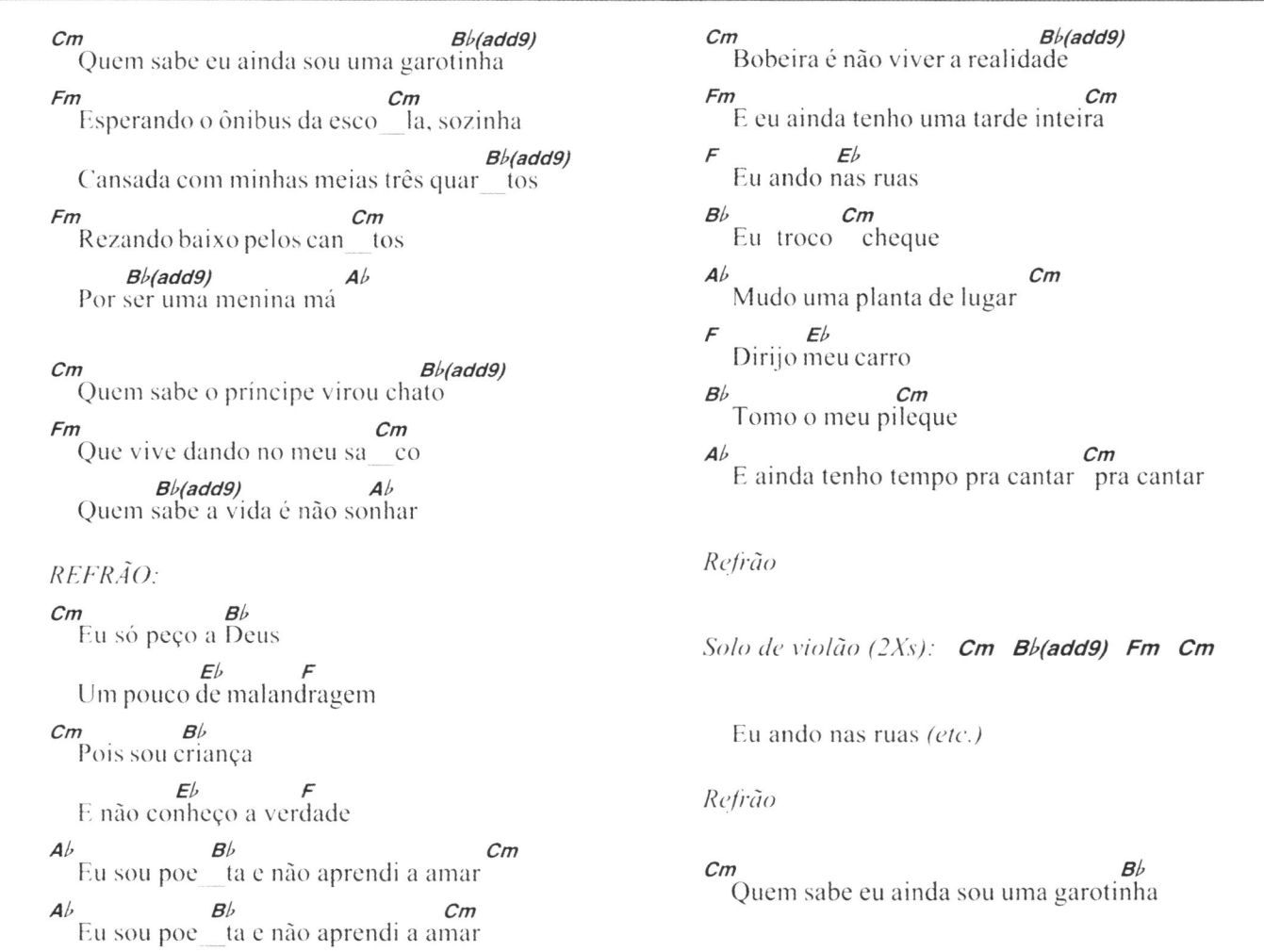

[Chord diagrams: Cm, Bb(add9), Fm, Ab, Eb, Bb, F]

Cm   Bb(add9)
Quem sabe eu ainda sou uma garotinha
Fm   Cm
Esperando o ônibus da esco__la, sozinha
                           Bb(add9)
Cansada com minhas meias três quar__tos
Fm   Cm
Rezando baixo pelos can__tos
  Bb(add9)   Ab
Por ser uma menina má

Cm   Bb(add9)
Quem sabe o príncipe virou chato
Fm   Cm
Que vive dando no meu sa__co
  Bb(add9)   Ab
Quem sabe a vida é não sonhar

REFRÃO:

Cm   Bb
Eu só peço a Deus
      Eb   F
Um pouco de malandragem
Cm   Bb
Pois sou criança
     Eb   F
E não conheço a verdade
Ab   Bb   Cm
Eu sou poe__ta e não aprendi a amar
Ab   Bb   Cm
Eu sou poe__ta e não aprendi a amar

Cm   Bb(add9)
Bobeira é não viver a realidade
Fm   Cm
E eu ainda tenho uma tarde inteira
F   Eb
Eu ando nas ruas
Bb   Cm
Eu troco cheque
Ab   Cm
Mudo uma planta de lugar
F   Eb
Dirijo meu carro
Bb   Cm
Tomo o meu pileque
Ab   Cm
E ainda tenho tempo pra cantar pra cantar

Refrão

Solo de violão (2Xs): **Cm Bb(add9) Fm Cm**

Eu ando nas ruas *(etc.)*

Refrão

Cm   Bb
Quem sabe eu ainda sou uma garotinha

♩ = 128

[Sheet music notation with lyrics:]
Quem sa-be eu a-in-da sou u-ma ga-ro-ti-nha
Es-pe-ran-do o ô-ni-bus da es-co-la, so-zi-nha

Copyright © 1994 by WARNER CHAPPELL EDIÇÕES MUSICAIS LTDA.
Todos os direitos autorais reservados para todos os países. *All rights reserved.*

Can-sa-da com mi-nhas mei-as três quar-tos

Re-zan-do bai-xo pe-los can-tos Por ser u-ma me-ni-na má

Quem sa-be o prín-ci-pe vi-rou cha-to

Que vi-ve dan-do no meu sa-co Quem

sa-be a vi-da é não so-nhar

Eu só pe-ço a Deus Um pou-co de ma-lan-dra-gem

Pois sou cri-an-ça E não co-nhe-ço a ver-da-de

Eu sou po-e-ta e não a-pren-di a a-mar

Eu sou po-e-ta e não a-pren-di a a-mar

Bo-bei-ra é não vi-ver a re-a-li-da-de

E-eu a-in-da te-nho a tar-de in-tei-ra

Eu an-do nas ru-as   Eu tro-co che-que

Mu-do u-ma plan-ta de lu-gar

Di-ri-jo meu car-ro   To-mo meu pi-le-que

E a-in-da te-nho tem-po pra can-tar

pra can-tar

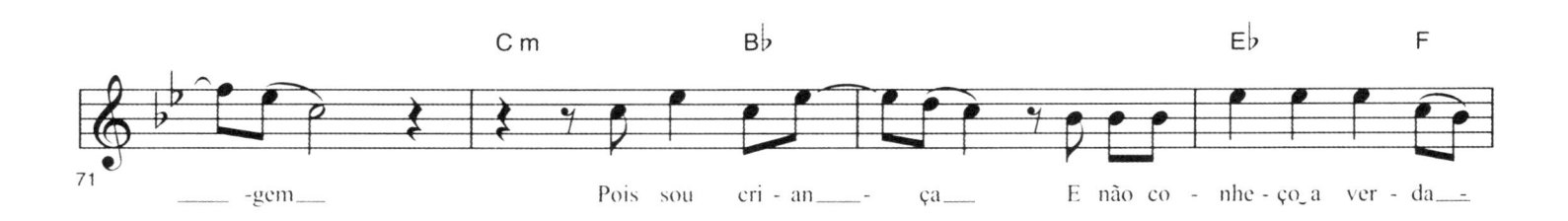

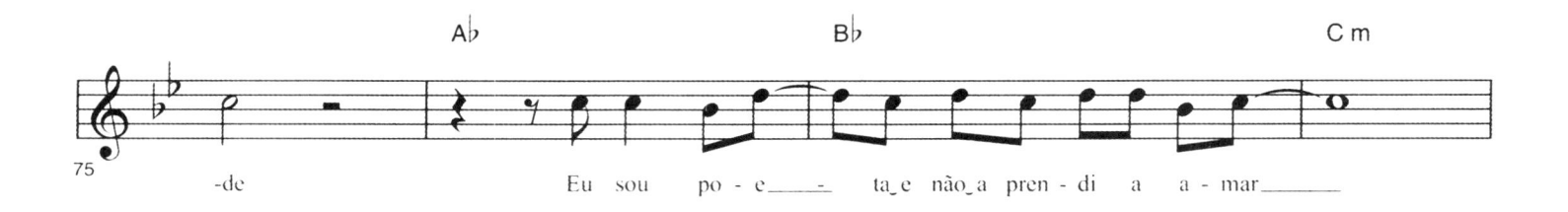

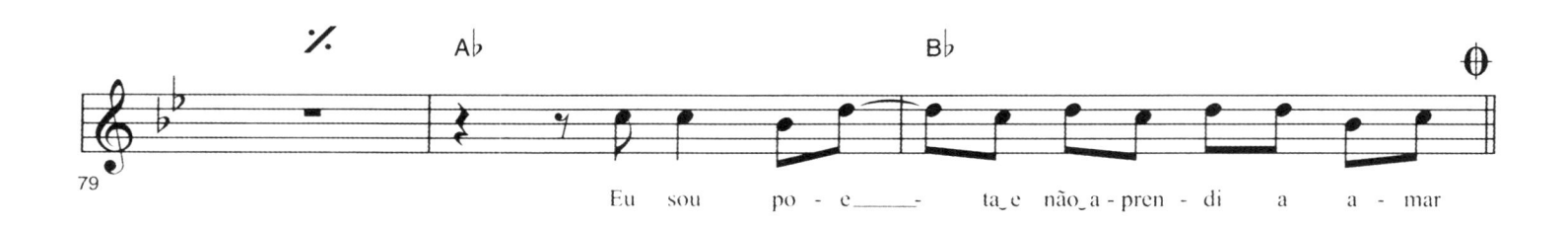

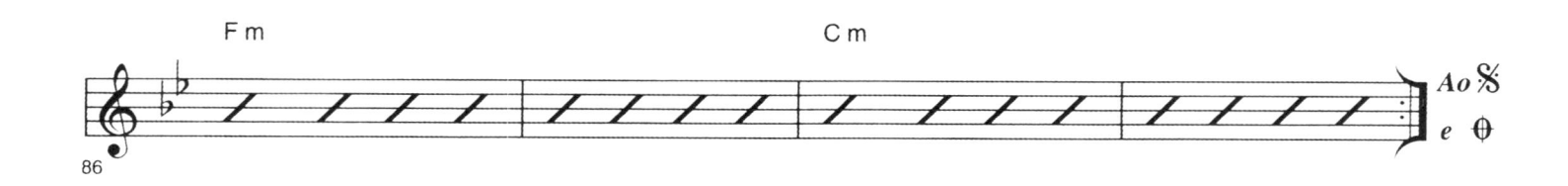

Eu só pe-ço a Deus_____ Um pou-co de ma-lan-dra-gem__ Pois sou cri-an-ça__ E não co-nhe-ço a ver-da-de Eu sou po-e-ta e não a-pren-di a a-mar_____

Eu sou po-e-ta e não a-pren-di a a-mar

Solo de violão

Voz

Quem sa-be eu ain-da sou u-ma ga-ro-ti-nha__

Pra dizer adeus

TONI BELOTTO e
NANDO REIS

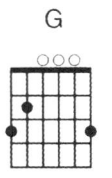

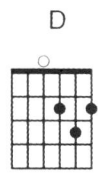

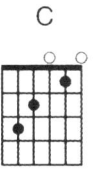

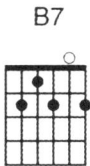

G   D   C   B7

Introdução: **G**

   D   C D C
Você apareceu do nada
  G   D   C   G
E você mexeu demais comigo
         D   C   G
Não quero ser só mais um amigo

  D   C D C
Você nunca me viu sozinho
  G   D   C   G
E você nunca me ouviu chorar
 D   C   G C D
Não dá pra imaginar quanto

REFRÃO (2Xs):
 G   B7   C
É cedo ou tarde demais
 G D
Pra dizer adeus
 C G
Pra dizer jamais

  D   C D C
Às vezes fico assim, pensando
  G   D   C   G
Essa distância é tão ruim
          D   C   G
Por que você não vem pra mim

  D   C D C
Eu já fiquei tão mal, sozinho
 G   D   C   G
Eu já tentei, eu quis chamar
         D   C G   C D
Não dá pra imaginar quanto

Refrão uma vez

 G   B7   C
É cedo ou tarde demais
 G D
Pra dizer adeus
 C D
Pra dizer jamais

Instrumental: **C D C D C D C**

Refrão (2Xs)

 G   B7   G
É cedo ou tarde demais

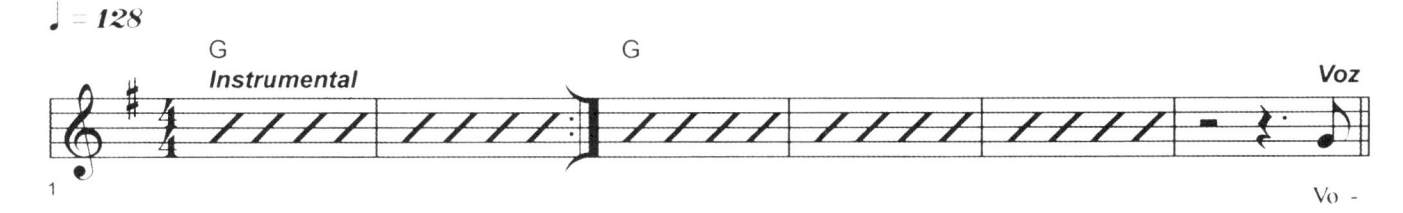

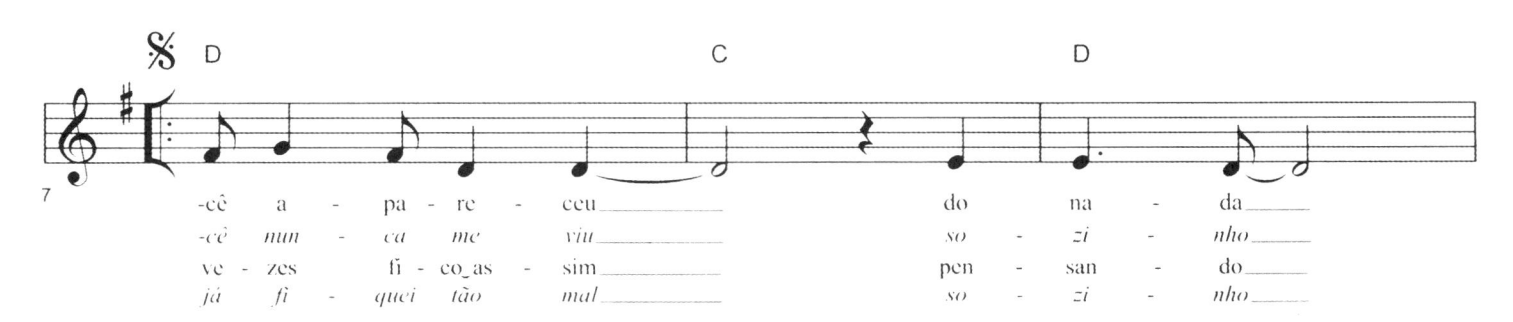

C G D C G
(1ª e 2ª vez) (1ª vez)
(3ª e 4ª vez) (2ª, 3ª e 4ª vez)
E vo - cê me - xeu de - mais co - mi - go
E vo - cê nun - ca me ̮ ou viu cho - rar
Es- sa dis - tân - cia ̮ é tão ru - im
Eu já ten - tei, eu quis cha - mar
G D C G
1. (1ª vez)
(3ª vez)
Não que - ro ser só mais um a - mi - go Vo-
Não dá pra ̮ i - ma - gi - nar
Por que vo - cê não vem pra mim Eu
Não dá pra ̮ i - ma - gi - nar
C G C D G B7 C
2.
quan - to É ce - do ou tar - de ̮ de - mais Pra di-
quan - to
G D C G G
(1ª vez)
zer a - deus Pra di - zer ja - mais É Às
Ao 𝄋 e 𝄌 c/ rep.
D C D C C
Instrumental
3X
1. e 2.
-mais
C G B7 C G D
3.
Voz
É ce - do ou tar - de ̮ de - mais Pra di - zer a - deus
D C G G B7 G
Pra di - zer ja - mais É ce - do ou tar - de de - mais